U0674895

中国人民大学国学院国学与管理丛书

总主编 ◎ 黄朴民 杨先举

向老子学管理

【魏万磊 杨先举 ◎ 著】

东北财经大学出版社
Dongbei University of Finance & Economics Press

大连

图书在版编目（CIP）数据

向老子学管理／魏万磊，杨先举著．—大连：东北财经大学出版社，2011.1

（中国人民大学国学院国学与管理丛书）

ISBN 978 - 7 - 5654 - 0215 - 9

Ⅰ. 向…　Ⅱ. ①魏…②杨…　Ⅲ. 老子 - 管理学思想评论
Ⅳ. ①B223.15 ②C93

中国版本图书馆 CIP 数据核字（2010）第 251749 号

东北财经大学出版社出版

（大连市黑石礁尖山街 217 号　邮政编码　116025）

教学支持：（0411）84710309

营 销 部：（0411）84710711

总 编 室：（0411）84710523

网　　址：http://www.dufep.cn

读者信箱：dufep@dufe.edu.cn

大连图腾彩色印刷有限公司印刷　　东北财经大学出版社发行

幅面尺寸：170mm×240mm　字数：181 千字　印张：11 1/4　插页：1

2011 年 1 月第 1 版　　　　2011 年 1 月第 1 次印刷

责任编辑：孙　平　　　　　　　　责任校对：孙　萍

封面设计：赵　聪　　　　　　　　版式设计：钟福建

ISBN 978 - 7 - 5654 - 0215 - 9

定价：28.00 元

目　录

　　元代著名书法家赵孟頫作品，此图附于赵氏所书"道德经"卷之首，用白描手法画老子，白发长须，身着长袍，拱手而立。面貌刻画生动有神，衣纹笔法简劲流利，是赵氏人物画的佳作。卷首自题"延佑三年，岁在丙辰廿四五日，为进之高士书于松雪斋"。延佑三年为公元1316年。卷前引首为姚绶题"松雪书道德经"六字。此卷曾经明人项元汴、近人张爰等收藏，《平生壮观》、《式古堂书画会考》著录。

导　论

老子其人，据司马迁《史记·老子列传》含糊其辞的描述，大致有三个人物可以对应，但只有一种说法太史公严肃认真地对待了，其他说法他都是采用"或曰"（有人说）的方式，类似于附录或者补充说明，他自己也持怀疑态度。

太史公用"正传"的方式传达的信息是，老子就是楚国苦县（今河南鹿邑）曲仁里人的李耳，因他耳朵大，传说长达七寸，所以又称老聃，聃就是大耳朵的意思。他与孔子同时代，辈分高于孔子，曾经为东周的柱下史和守藏史，这是一个只有博学之士才能担任的职务，相当于国家图书馆的馆长兼档案馆的馆长。这种身份使得他能够博稽约取，成一家之言。中年以后，他一度起落，厌恶了世俗的为官生活，就骑青牛，过函谷关，要穿越西域大漠而去秦国。关令（看守城门的）尹喜也非普通人，夜观天象，见紫气东来，青牛星牵引，就城前迎接并款待了老子，求作。老子作了《道德经》，上篇为道经，下篇为德经，全长不过 5 000 字。以后便"莫知其所终"了。

第二种说法认为老子就是老莱子，也是春秋末期人。据《神仙传》记载，他曾经在母胎里呆了七八十年，出来时须发皆白。因为经常伸舌头搞怪，就有人送绰号"老聃（爱吐舌头的老头）"。据传，老子是彭祖的后裔，在商朝阳甲年，公神化气，老子寄胎于玄妙王之女理氏腹中。一天，理氏在村头的河边洗衣服，忽见上游飘下一个李子，理氏忙用树枝将李子捞上来，后又吃了下去，从而怀了身孕。又经过 81 年，生下一个白眉白发、白胡子的男孩，因此取名"老子"。老子生下来就会说话，指着院子中的一棵李子树说："李就是我的姓。"老子非常孝顺，为了逗父母开心，他一大把年纪还整天穿小孩子的衣服，扮小丑，引得父母哈哈大笑，所以又称老莱子，大约是老顽童的意思。这种说法相信的人很少，因为老莱子以娱亲尽孝著称，不会提出"六亲不合，有孝慈"这种挑战传统孝道的思想。

第三种说法是，老子晚于孔子120多年，名叫太史儋，战国中期人。传说，公元前374年，他有个预言，周与秦本来合在一起，后来却分手东西，分开500年，又合在一起，再过17年，就会有霸王出来（《史记》的《周本纪》、《秦本纪》、《封禅书》、《老子韩非列传》）。他预言的"大趋势"，就是秦灭六国，兼并天下，这当然是后来人神话老子而以后见之明看历史。司马迁怀疑李耳、老莱子和太史儋就是同一个人，但其年代相差太多，他只能用"或言"的方式说老子活了160多岁或者200多岁。司马迁《老子列传》实际上把太史儋当作李耳，原因很简单：第一，他们都在周都洛阳供职，李耳是"周守藏之史也"，周太史儋也是周太史，两人都是周的史官；第二，聃和儋古音相近，完全可能是通假字。

这几种说法有一个解释逻辑可以贯通为一体而不相悖，那就是集老子思想大成的《老子》有古今两个版本。今本《老子》出自战国中期与秦献公同时的太史儋，它将竹简古本《老子》全部纳入并加以改造，而古本则出自李耳之手，两书各有自己独特的思想体系。《史记》所载西出函谷关并著今本《老子》五千言的那位老子是太史儋而非老聃。司马迁所说的老子活了一两个世纪，其实这正是从老聃到太史儋的时间，也正是由于他们被误认为一人才出现此类传说。又如梁启超在读了《史记》后说："前辈的老子八代孙和后辈的孔子的十三代孙同时，未免不合情理。"实际情况大致是，太史儋的八代孙和孔子的十三代孙同时，这是合乎情理的。因此可以得出结论，当年太史儋将老聃书纳入自己的著作，两本书都以《老子》为名流传下来，久而久之，人们便很自然地把两书误为一书，把两位作者误为一位作者。

值得注意的是，我们所依据的材料，是今本的《老子》，因为无论老子其人是以上哪一种说法，今本《老子》都更加详尽，它包容了前者并且更加体系化，主体思想和精髓是一致的。

我们通过两个故事来把握其精髓。据说，老子的老师叫常枞。常枞是个老头，牙齿都掉没了，老聃问他什么是柔弱胜刚强，老头什么话都没说，而是张了张嘴，伸了伸舌头，老子告退。许多人不理解，对老子毕恭毕敬的态度很纳闷，天下还有这样的先生，学生问问题他连句话都不给。老子解释说，他已经教给了我很深奥的道理。你想，牙齿是人体最坚硬的部分，而舌头则是人体最柔软的部分，他的牙齿没了，但是舌头还在，这不就是柔弱胜刚强吗？常枞其实在说舌肉长存、齿坚易折。最简单的道理，活着的个体，身体都柔弱有弹性，坚硬的恰是僵尸。柔韧才是人的生存态度。

无独有偶，流传较广的另一个典故是，孔子也曾向老子问道，他对老子说："有个人修炼道，却常与人的看法相背离。认可不能认可的，把不正确的看成正确的。还有辩士说：'能把坚白的道理辨析明白。'（这显然是太史儋模仿李耳的口气，因为主张'离坚白'的公孙龙是和他同时代人）真能弄明白，就算得上圣人了吗？"老子说："那是智巧小吏为技能所累，使身躯劳累、使心恐惧的一类人。善于捕捉狐狸的狗被人拘禁，猿猴因为行动迅捷而被人从山林里捕捉来。丘，让我告诉你，你所不能听闻和你所不能言说的。大凡有头有脚无心无耳的很多，有形与无形并存的是不存在的。运动与静止、生与死、废黜与兴起这六种情况很难探究根源。人事有治理的痕迹，忘物、忘天，最终是要忘己。忘己之人，才能与自然融为一体。"

由此看来，老子看问题的时候总喜欢用辩证思维。以柔克刚和修身无为是其基本态度。

有关孔老相会的记载，现代学者多依据《史记·老子列传》的说法，说孔子曾与鲁国的南宫敬叔一起到周的都城，向老子问礼。临别时老子告诉他，富贵人以钱财送人，学问人以言辞送人，我不是富贵人，只是在学问上有些虚名，送你几句话，权当为你送行。老子就接着说："子所言者，其人与骨皆已朽矣，独其言在耳。且君子得其时则驾，不得其时则蓬累而行。吾闻之，良贾深藏若虚，君子盛德容貌若愚。去子之骄气与多欲，态色与淫志，是皆无益於子之身。吾所以告子，若是而已。"意思是说，你知道的一些人物，都已进了坟墓，不过是留给后世几句话而已。君子遇到明主则驾车而事，得不到则随遇而安。善于做买卖的，总把自己的宝贝藏起来；真正有盛德的君子，容貌谦退有若愚鲁。所以要去掉骄气、多欲、外显的神色和过分的志向。孔子去，谓弟子曰："鸟，吾知其能飞；鱼，吾知其能游；兽，吾知其能走。走者可以为罔，游者可以为纶，飞者可以为矰。至于龙，吾不能知其乘风云而上天。吾今日见老子，其犹龙邪！"也正是被孔子称为神龙见首不见尾的这位"隐君子"，成为道家学派的创始人和代表人物。

圣迹图，亦名《至圣文宣先师周流之图》，清康熙二十一年（1682年）正月十六日石刻本，清陈尹绘；清兰友芳正书传赞并跋；清朱璧镌刻。清乌金拓，割裱本。三十六开，每开双面图高30.8厘米，宽61.4厘米。册页装。全套共36幅，以《论语》、《史记》为基础材料，以图画形式宣扬孔子行迹，其中，第七幅描绘周景王二十三年（公元前522年）孔子适周见老子事迹，也称孔子向老子问礼图。

道家学派的发展大约有几个阶段，因为老子生人的年代不得而知，所以有冯友兰的说法和牟钟鉴说法的不同。牟认为，第一阶段以老子为代表，这是按照老子与孔子同时代来讲的，主张取法道的自然性与自发性。第二阶段以杨朱、慎到、尹文等人的思想为代表，称为老子后学。譬如孟子说杨朱"杨子取为我，拔一毛而利天下，不为也"。也就是将出发点设计为自己生命的保全，要重生轻物。第三阶段以庄子为代表，有整体上的超越。第四阶段是汉初的黄老之学，将楚文化的老子与北方中原的皇帝崇拜相结合，形成黄老之学。以清静无为为宗旨，主张与民休息。第五阶段是汉末的道教，由黄老崇拜的祭祀活动与神仙长生、民间巫术相结合而形成一种民间宗教。第六阶段是魏晋玄学，成为由何晏、王弼、郭象等人开创的盛极一时的哲学思潮。第七阶段是隋唐以至近现代的道家流派，没有形成独立的社会思潮。

二 《老子》的核心思想

道家的核心概念是"道"，《老子》开篇就讲"道可道，非常道"，也就是他所讲的是抽象的常道，这用语言无法表达。能够用语言表达的是具体的道，可以在蝼蚁，在瓦甓，在万事万物当中，具体的道由常道而生。它先于物质世界而存在，正所谓："有物混成，先天地生，寂兮廖兮，独立而不改，周行而不殆，可以为天下母。吾不知其名，字之曰道。"也就是说，有一物浑然一体，存在于天地之先，处于万物之外；无声无形，独立运行，可以规范一切，所以可以称之为天下万物的根源。老子也不知道该怎么称呼这种东西，只好勉强将其称为"道"。

道可以衍生万物，"道生一、一生二、二生三、三生万物"。这里的"一"是指天地万物形成之前的混沌状态，也就是元气。二是指阴阳，也就是由元气化为性质相反的阴阳二气，再由阴阳二气交合生三。三就是冲气，由冲气生出万物。而在衍生万物的过程中，"人法地，地法天，天法道，道法自然"，也就是无论是天、地、人、道都应该效法自然，这里的自然不是自然界，而是"自己的样子"，或者说是自然而然。但是，老子所讲的无也并非虚无，而是将无和有配合，既然是无，那就是看不见、摸不着，也不是用理智和语言可以辩明的。老子用三个定语来修饰无，也就是夷、希、微。道本身就含"有"的成分，很多东西正是因为空虚才能有用，譬如器皿，譬如宫室。这个"道法自然"因此有三种含义：一是指道的终极归宿是它自身；二是指道本身就是这个样子，并非在道之外另有一个自然；三是道以无为为法则。无为并非什么事都不干，而是顺其自然，不强加人为的东西。道好像自然那样，看起来无所作为，但实际上无所不为。为什么我们要效法道呢？正是因为道无私（有德），所以我们才应该效法它。老子将德与道联结起来，这里的德并非伦理意义上的德，而是指宇宙间存在的一切具体事物中所具有的特点，所以，道为体，德为用。道用于人生就是德，道促成了万物自然生息就是德的体现。所以老子的道既有虚无性又有实有性，既有运动性又有创生性。

认识了道，就认识了万物的本原，道可以区分自然界，也可以判断善恶。人们应该信守道。应该说，他的道是从自然中引申出来的，那么按照自然的状态，政治应该是什么样子呢？

老子的政治理想就是小国寡民，不承认现有的状态，也不希望看到武力统一，希望人们回到结绳记事的年代，"甘其食，美其服，安其居，乐其俗，邻国相望，鸡犬之声相闻，民至老死不相往来"。这样的国家一是规模小，人口少；二是人民的欲望低；三是由文化带来的烦心事少；四是封闭。之所以如此设计自己心目中的国家，在于老子本人认定社会现实并非如他所愿，不符合道。在他的观念中，现实社会中所提倡的价值观，恰恰是社会堕落的表现，"大道废，有仁义；智慧出，有大伪；六亲不和，有孝慈；国家昏乱，有忠臣"。也就是说，老子所反对的并不是政治、国家和文化的本身，而是反对不符合他的道的政治和国家，即不符合他所认可的自然、简朴、纯洁而带有永恒性的理想国。他的理想国一反当时的诸侯国尚武扩充的为政之道。否定的是属于伪善的文化传统与功利主义的价值观。

老子的谋略论的出发点是"反者道之动，弱者道之用"。"反"既有相反也有返回之意。一是反本复初，万物反本就是保持虚静；二是相反对立，也就是事物发展到极端总会向其反方向运动。这是道的运动规律。一切对立的事物，实际上是相互依靠、联立并生的。譬如有无、难易、长短、高低、前后等。对立事物的本身是互相包含和渗透的，譬如福祸之间。"弱者道之用"的字面意思是，道保持着一种柔弱状态。一切动态的变化都以柔弱为出发点和归宿。而且道在发挥作用时是柔弱的状态。另一种意思是柔弱胜刚强，因为柔弱者可变，而坚强者往往受环境的限制。正所谓绳锯木断、水滴石穿。老子这样说，一是要表明我们认识的价值与万物生存的实际价值不同；强的性状并非一成不变。譬如亚里士多德就曾经提出一个经典命题：大树和树苗哪个更代表树的本质？在老子看来，树长大了反而成为弱者，木秀于林风必摧之。弱的东西在发展过程中不为强者注意，反倒能延续长存。水是天下最柔弱的，但是谁能摧毁它呢？所以以守为攻，以退为进，要发力必须胳膊后退。

在这种理想和策略的带动下，老子主张无为而治，因为道是自然生成的，所以人为的干涉只会让道丧失。就像庄子用寓言所表示的：南海之帝为儵，北海之帝为忽，中央之帝为浑沌。儵与忽时相遇于浑地，浑沌待之甚善。儵与忽谋报浑沌之德，曰："人皆有七窍以视听食息，此独无有，凿之。"日凿一窍，七日而浑沌死。也就是说好心可能办坏事。这里有个隐喻，儵忽指的是时间，随着时间的流逝，我们越来越开明，但是带给我们的却是人心的尔虞我诈，国家的利令智昏。"是以圣人处无为之事，行不言之教。为无为，则无不治。"意思是顺着自然规律去作为，事无事，就是以不干扰的方式做事，味无味就是把恬淡也当作一种味道。凡是自然的，都是完美的。人的理性在自然面前是有缺陷的，仓颉造字后天雨粟、鬼神泣，说明人永远无法真正了解天意，所谓的聪明只是小聪明。正所谓世间本无事，庸人自扰之。

只有掌握了老子的基本思想，我们才能真正理解老子的这句话："天地不仁，以万物为刍狗，圣人不仁，以百姓为刍狗。"这里并非讲圣人不仁义，将老百姓视同草芥。刍狗就是用草扎成的狗，供祭祀时用。人们把草做成刍狗祭祀跪拜时，并不对它有什么偏爱或重视；祭祀完了就扔掉它，也不是恨它或轻视它。天地以万物为刍狗，是说天地对万物无所偏爱，而任其自然生成或毁灭。圣人不仁，也是指圣人对人民无所谓爱与不爱，而任其自作自息。老子认为天道是无为的，也就是顺任自然的，而天地间的一切事物，也都依照自然的法则运行着，并不存在任何驾凌于自然界之上的什么主宰。天地只是物理的、自然的存在，并不像有神论者所想象的那样对某物有所偏爱、对另物又有所厌嫌。所以，天地无所偏爱，任凭万物自然生长，圣人法天地这种顺应自然的绝对利他精神，任凭百姓自由发展，这恰恰对百姓有莫大的好处。

统治者应该怎么做才是无为呢？最主要的是消除统治者的心智技巧和内心的欲望。老子要消解的并不是二者在人的自然生命中的正面作用，而是要反对智和欲所造成的负面影响，也就是消解生理基本需求以外的那种欲望和巧智。为了消解统治者多余的欲望，老子要求三去：去甚去奢去泰，也就是驱除极端的、奢侈的、过度的措施。具体来说，首先是不尚贤，使民不争。也就是说别树立权威，这样大家就没有去做权威的心，也就没有争斗。其次是不贵难得之货，使民不为盗。现实生活中之所以有盗贼，在于法令滋彰，更在于人民常常人为地使一些难以获得的货物贵重，提高了难得之货的价值，因而刺激了人们的欲望。再次是绝圣弃智，老子的主观愿望是为了保持人民心灵质朴，绝仁弃义，也就是不要耍小聪明，否则统治者以聪明治国，导致道高一尺魔高一丈。最后就是慎征伐，因为战争的结果只能是穷兵黩武。

总之，老子"以无为事天下"的四个原则是："我无为而民在化，我好静而民自正，我无事而民自富，我无欲而民自朴。"这也是别人关心的：以清静无为之道治国，以出奇诡秘的计谋用兵，用无为的政治统治天下。老子根据什么知道是这样的呢？老子说他根据的就是这些常识性判断：天下的禁忌越多，人民就越贫穷；民间武器越多，国家就越混乱；人民的技巧智慧越多，邪恶的事情就层出不穷；法令越严明，盗贼反而越多。因此，我无为，人民就自我化育；我好静，人民就自然端正；我不搅扰人民，人民就自然富裕；我不贪婪，人民就自然朴实。统治者为政的原则，就其本质而言就是不要使人民突破德的界限。

　　勒石高手张允迪摹刻唐代吴道子画《老子像》石碑，在苏州玄妙观三清殿。碑高80厘米，宽88厘米，厚30厘米，青石质地。碑分上、中、下三部分。上部为唐代大书法家颜真卿楷书唐玄宗李隆基对老子的赞语：爰有上德，生而长年；白发垂相，紫气浮天。含光默默，永动绵绵；东训兄父，西化金仙。百王取则，累圣攸传；万教之主，先天地焉。函谷关右，传经五千；道非常道，玄之又玄。下部为唐代画圣吴道子所画老子像；右下方为落款：老子圣像，吴道子笔。斯本久矣，不教珍藏，谨捐命工刊石，以广其传。宝庆初元民岁腊日，姑苏天庆观大同道士冯大同。一块石碑集碑赞、名画和精美书法于一体，故有"三绝"之美誉。此画线条流畅，见之犹可领略一代画圣"吴带当风"的艺术风格。

有人形容中国人是"头戴儒冠、身穿道袍、脚蹬僧履、心为法心",也就是儒释道法在中国人身上呈现出一种独特的杂交状态。对此我们不做评论,但有一点可以肯定,儒道互补的文化心理结构对于中华文明的绵长久远是有很大贡献的,甚至可以说,刚健有为与能屈能伸同时构成了中国的文化 DNA。

道家思想已经得到古今中外许多人的肯定。清代的纪晓岚说道家是"综罗百代,广博精微";现代文学大师鲁迅则直言不讳地说:"中国文化的根柢全在道家";英国的李约瑟先生在《中国科技史》中打比喻说:"中国如果没有道家,就像大树没有根一样。"我们如果把中国比做一个人,那么儒家思想就是骨头和肉,而道家则是流遍全身的血液。作为体现道家思想的主要文字载体《老子》一书,更是被许多大师奉为圭臬。鲁迅就说过:"不读《老子》一书,不知中国文化。"新文化运动的主将、《中国哲学史》的作者胡适坦言:"老子是中国哲学的鼻祖,是中国哲学史上第一位真正的哲学家。"宣称"上帝死了"的德国著名哲学家尼采,说老子思想"像一个不枯竭的井泉,满载宝藏,放下汲桶,唾手可得"。俄国大文学家托尔斯泰则说他良好精神状态的保持应归功于阅读了《道德经》。

《老子》(《道德经》)在世界上普及的程度仅次于《圣经》和《共产党宣言》。我们中国国内有关《道德经》的著述有 1 700 种以上,外文译著约900 种(其中日人著述约 330 种),涉及日、英、法、德、意、荷、俄、瑞典、丹麦、挪威、芬兰、土耳其、印度、梵文、拉丁文、希伯来文、世界语等 20 多个语种,美国《纽约时报》曾把老子列为全世界古今十大作家之首。

《道德经》在 16 世纪传入西方,"道德经"3 个字分别翻译为"道路"(the way)、"德性"(virtue)和"经典"(classic)3 个词,老子及其思想随后逐渐引起西方人的关注和认同。其人生态度和处世哲学也给西方学者以启迪。今天的《道德经》西文译本总数近 500 种,涉及 17 种欧洲文字,在译成外国文字的世界文化名著发行量上，《圣经》排第一，《道德经》高居第二，由此可见老子及其思想在西方受欢迎的程度。

那么，我们究竟应该在管理中学习《老子》的哪些方面呢？

• 精辟的人君南面之术。班固在《后汉书》中称道家是"人君南面之术"。如果从广义的管理来看，也就是统治者管理国家的艺术和技术。现实生活中需要很多"南面之术"，比如统治之术、指挥之术、计划之术、组织之术、协调之术、控制之术等。《老子》中所揭示的某些"南面之术"，就可在我们做管理工作时借鉴参考。

关于这一点，我们还可从现代管理学理论做出解释。什么是管理？现代管理学告诉我们，管理就是管事用人，就是管理主体对被管理的客体——人或事进行计划、组织、指挥、协调和控制，使之实现管理目标。管理主体对人进行管理，属用人问题；对事进行管理，属管事问题。管事，这事是由人来操纵、活动、实践的，因此说，管理最终还是管人问题。这样，管理主体为管好人就有一个如何正确运用"南面之术"的问题。

细析管理内容，从本质上概括，有三个方面：生产力、生产关系、上层建筑。生产力，就是要搞好企业的商品生产和经营；生产关系，这是涉及生产、交换、分配、消费等方面的问题，概括地说，主要是讲人与人之间的关系问题；上层建筑，就是企业在从事生产、经营时所持的政策、观念、主张、思想及相应的组织、规章制度等。所有这些，也都需要运用正确的"南面之术"，即正确的价值观以及科学的方法论去处理问题。我们可以从《老子》内涵的某些精辟理论、见解、思想方法汲取营养。

• 通达世变的相对论。管理是科学，也是艺术。管理现象常常处于二律背反之中。一件事情可做这样处理，也可做那样处理。做这样处理有优点，但对另一个相关问题却不利；若改换另一种处理方法，又会出现新的利弊关系。管理中如果过分地注意集中，可能会损害民主；而过分地注意了民主，又可能影响必要的集中。而且这种利弊关系，常常随着时间、空间条件的变化而变化，没有绝对的正确解、最优解。这些，老子在论述有无、刚柔、动静、损益、巧拙、祸福种种矛盾关系时，都有不少隽永的观点耐人思索，供人参阅。

• 精当的认识论。老子的认识论，也有不少地方可供我们搞管理工作时参考。如《老子》第十章中所讲的"玄览"思想，就是要用深沉、冷静的态度去观察分析一些问题，又如第十六章中说的"复观"思想，就是要用细致、多次的方法去认识事物，这些都是十分有意义的精辟观点。

● 独到的软性诉求。现代管理重视和强调软性管理，强调搞好属于观念、思想等内容的管理，而不只是强调管好物、管理制度等。关于搞好软性管理，《老子》一书中反复阐发的关于"恍兮惚兮"的思想，关于"道"的一些独特见解，细品其味，对搞好软性管理是很有启发价值的。

● 有价值的天道、地道、人道观。有三种管理观念：天道观、地道观、人道观。所谓天道观，是指有关如何看待天体宇宙世界的理论观念；所谓地道观，是指有关如何为人处世的理论观念；所谓人道观，是指有关人如何看待人生的观念。这些在《老子》中都有论述。在管理学中有如何认识天、地、人的问题等，都可以从《老子》中学到一些东西。

● 阴柔的思维方式。当前，社会形势复杂，就市场经济而言，竞争十分激烈，有法的问题，有道德问题。假如只用"硬"的管理方法管，是很难全部奏效的，在解决复杂多变的矛盾中，必须有"软"的方法。《老子》的柔性思考问题的方法，为我们学会权变管理提供了思想的启迪。

本书就由六大法则展开论述，将老子内在的管理思想分为六部分展现给读者。

● 一曰"道"的法则。"道"是《老子》的中枢之论，老子一切议论皆发乎此，据此可哲学高度出发，生发出与"道"相关联的有关哲学、文化、价值观、企业文化等题目的联想。以此讨论企业管理中的相关问题。

● 二曰"德"的法则。形而上谓之"道"，形而下谓之"德"，"德"是道的溅落。假如说，"道"是意象实体，那么，"德"就是溅落于社会的政治实体，于是由此生发出有关公共管理方面的话题，如"无为而治"、"治大国若烹小鲜"等。

● 三曰"柔"的法则。"柔弱胜刚强"是老子的名言，柔弱胜刚强是东方谋略学区别于西方谋略学的一个重要之处。西方谋略学强调力，强调势，这无疑是重要的，但不战而屈人之兵，则比力、势更显重要。由此出发，以智谋为角度，讨论社会管理、行政管理中"柔弱胜刚强"问题。

● 四曰"无"的法则。"无"，在《老子》中是一个重要的概念。有三种无：实体的无，实实在在的无；虚质的无，似无似有虚无缥缈的无；无中含有的无。"无"中生了有，有中又产生了"无"。如此无生一，一生二，二生三，三生万物。宇宙洪荒，芸芸众生，无不是由"无"创造演化而来。对此，管理学中的种种创造问题都可以从创造学角度出发，讨论"无"的价值。

● 五曰"反"的法则。"反者道之动。"《老子》一书中充满"反"的思想，他想事的方法是"反"的，分析问题是"反"的，无为而为，不争而争，柔克刚，弱胜强，无生有，美与丑，重与轻，祸与福等等。管理学中充满着种种悖论现象、二律背反现象。可以用"反"的原则，用矛盾分析的方法去解决碰到进退维谷问题时的情形。

● 六曰"水"的法则。老子喜好水，《老子》中多次讲水，以水喻理，如"上善若水"（八章），还讲了与水相关联的事物阐发的思想，如"为天下谷"（二十八章），"上德若谷"（四十一章），要领导人谦下，我们将就管理者的健康管理做一讨论。

　　明代文徵明所绘老子像，以白描法画老子侧身拱手立像，线条简练生动，人物形象惟妙惟肖。署款"丁酉七月望日徵明绘像"，盖有"悟言室"白文方印。画心后面是文氏小楷《太上老君说常清静经》及《老子列传》，书写时间分别为"嘉靖丁酉七月十有二日"及"嘉靖戊戌六月十有九日"，钤"停云"、"玉兰堂"、"衡山"、"文徵明印"等印，"丁酉"为公元1537年，画家时值68岁。纸本，纵20.9厘米，横11厘米，每页8行，正文每行18字。现藏天津市艺术博物馆。

第一章

坐而论道

道可道，非常道；名可名，非常名。无，名天地之始，有，名万物之母。故常"无"，欲以观其妙；常"有"，欲以观其徼。此两者，同出而异名，同谓之玄。玄之又玄，众妙之门。

——《老子》第一章

一 道可道

"道"是中国文化中最重要的范畴，反映在人事上，"道"有两个端："理"与"情"。老子与孔子均属天人合一型的思想体系，重视天道与人事的交融。老子曾说：由天道下贯人道。而道最重要的特性就是"周行而不殆"。（《老子》第一章）

《老子》全书议论"道"。首章、首句讲"道"，末章、末句还讲"道"。书中直接出现"道"的字样达七十多次，且不说"道"的其他一些名称，如"德"、"无"、"有"、"大"、"一"等概念，假如全算进去则不知几何。全书八十一章，几乎章章讲"道"。其中讲得最好、最深刻、最直陈的要数一、四、十四、二十一、二十五诸章，特别是第一章，它统率全书主旨，更具哲学价值、学术价值、应用价值。

"道"，是老子哲学的专用名词和中心范畴，它在《老子》一书中频频出现，但在不同的地方有不同的含义，但主要有三种意思：一是指形而上的实存者，即构成宇宙万物的最初本原；二是指宇宙万物发生、存在、发展、运动的规律；三是指人类社会的一种准则、标准。《老子》第一章开宗明义，表述了全书的哲学基础：

道可道，非常道；名可名，非常名。无，名天地之始，有，名万物之母。故常"无"，欲以观其妙；常"有"，欲以观其徼。此两者，同出而异名，同谓之玄。玄之又玄，众妙之门。

这里的"有"，指天地形成以后，万物竞相生成的状况。古代中国人认为，先有天地的分化，然后才有万物的出现。"有"和"无"，是老子提出的两个重要概念，是对"道"的具体称呼，表明"道"衍生宇宙万物的过程，是由无形质向有形质转换的过程。全句话的意思是，可以用语言说出来的"道"，它就不是永恒的"道"；可以用言词说出来的"名"，它就不是永恒的"名"，"无"是天地的本始，"有"是万物的根。从"无"中去观察"道"的奥妙；经常从"有"中去认识"道"的端倪。"无"和"有"这两者，来源相同而具有不同的名称。它们都可以说是很幽深的；极远极深，是一切变化的总门。无论"道"也好，"名"也好，都有它们特定的质，我们解释它，阐述它，议论它，认识它，即"道"它，"名"它，形成概念，给它一个称谓，只是认识其特定的质所作的一种努力，主观上试图找出其区别于其他事物不同质的所在，并不是这个"道"、"名"的永恒真体。

自从原始氏族社会结束以来，天人分离成为学术的主调。主张天人一体、从天体看人事、根据宇宙规律推导人事演化的潮流，一直是那些具有极大气魄的哲学家的理想。

在中国上古时期，民神关系经过三个阶段：民神不杂——精英化阶段，原始灵媒借助个人天赋而自发显现，男曰觋（xi），女曰巫。民神杂糅——大众化阶段，家家祭祀，人人作巫。绝地天通——权威化阶段，王权垄断了神，由王颁发天地间的通行证。也就是说，原本天和地是可以通过天梯——昆仑山来往的，但是通过绝地天通，老百姓再无权直接过问天事。到了商代，王是人间政治权威，又是最大的巫觋。他要求天与帝的统一，于是找了祖先为梯子，先让祖先上天，实现帝祖合一；再让祖先下地，完成帝王合一。这样，除了"王"可以通天，其他老百姓都不能，否则，按照计算机术语来讲，就是非法链接。共工头触不周山，天柱折，地维绝，也是以神话的方式彰显了民众对自由的向往。

在西方，最典型的有斯宾诺萨、黑格尔，但这两位都没有主持过实际的政务，因此，他们的哲学虽然最终影响了政治，但他们本人只是思考而已。这种大气魄的哲学框架，存在着非常明显的乌托邦色彩。反对这种哲学的哲学家波普尔，提出了"零碎工程"的经验主义方案，力图消解他们的大框架。英国的经验主义哲学大师罗素，其哲学也是从反对英国化的黑格尔主义开始的。

有人将老子所谓的"道"与黑格尔的"绝对精神"相提并论，把老子看成客观唯心主义的代表人物。值得注意的是，老子的道是一个实存，哪怕它像空气或磁场一样看不见、摸不着，但它也绝非像上帝一样是一种玄虚缥缈的精神力量。有学者主张从量子力学的角度解释"道"，正是看到了"无"的客观实在性。即使从易的角度来揭示，无论是伏羲创易还是此后的连山易、归藏易乃至文王演易，都是从经验观察入手，形成中国人既非纯粹感性也非纯粹理性的思维方式——比类取象，因象立意。有人将老子的"道生一，一生二，二生三，三生万物"解释成推演易中阴爻、阳爻组合规律的代名词，这种解释即使成立，道仍然是客观规律，类似于生产关系一定要适应生产力发展的客观规律，本身的出发点也绝非主张思维决定存在的客观唯心主义。

中国现代逻辑学奠基人金岳霖先生曾这样评价："每一文化区有它底中坚思想，每一中坚思想有它底最崇高的概念，最基本的原动力。""中国思想中最崇高的概念似乎是道。所谓行道、修道、得道，都是以道为最终的目标。思想与情感两方面的最基本的原动力似乎也是道。成仁赴义都是行道；凡非迫于势而又求心之所安而为之，或不得已而为之，或知其不可而为之的事，无论其直接的目的是仁是义，或是孝是忠，而间接的目的总是行道……不道之道，各家所欲言而不能尽的道，国人对之油然而生景仰之心的道，万事万物之所不得不由，不得不依，不得不归的道才是中国思想中最崇高的概念，最基本的原动力。""关于道的思想我觉得它是元学（按：形上学，相当于理学）的题材。我现在要表示我对于元学的态度与对于知识论的态度不同。研究知识论我可以站在知识底对象范围之外，我可以暂时忘记我是人。凡问题之直接牵扯到人者我可以用冷静的态度去研究它，片面地忘记我是人适所以冷静我底态度。（按：天地不仁）研究元学则不然，我虽可以忘记我是人，而我不能忘记'天地与我并生，万物与我为一'，我不仅在研究对象上求理智的了解，而且在研究底结果上求情感的满足。"（《论道·绪论》）可见，金岳霖先生将道家的思维方式当作一种信仰，让人能够获得情感上的愉悦。

唐君毅先生根据《老子》一书中"道"字的意含，分析归纳为六类，这就是哲学界著名的"道之六义"说。"道之六义"的提出首见于唐先生的《中国哲学原论·导论篇》第十一、十二两章。

"道之六义"分别是：一、道之第一义——有贯通异理之用之道；二、道之第二义——形上道体之道；三、道之第三义——道相之道；四、道之第四义——同德之道；五、道之第五义——修德或其他生活之道；六、道之第六义——作为事物及心境人格状态之道。

按照唐先生的说法，《老子》书中第三义之道，乃以第二义之实体义之道之相为道。第二义之实体义之道，为物本始或本母之道体，此第三义之道，则可简明之为道相。（此相为佛家之名词，然其义正与老子之所谓象或大象，没多大区别）此道相初即道体之相，故此第三义之道，亦可由第二义之道引申而出。而《老子》书中道之第五义，为人欲求具有同于道之玄德，而求有德时，其修德积德之方，即其他生活上自处处人之术，政治军事上治国用兵之道。此一之道，就其本身而言，乃低于上述之德之一层面之道，亦即纯属于应用上之道。如今所谓修养方法、生活方式，或处事应务之术之类。简言之，即人之生活之道也。"如只就《老子》书中所言之字数而观，则其言之涉及第五义之道者，在《老子》一书中，实最多。老子之思想，对中国之政治社会与一般人之人生观，其影响最大者，亦在于是。"《老子》书中所谓道之第六义，为指一种事物之状态，这里用道代指人的心境或人格状态。

"一"有时候也作"道"解。"营魄抱一"，《老子》三十九章说："天得一以清，地得一以宁，谷得一以盈，万物得一以生。"这个"一"，就是指"道"。《老子》一书书名叫《道经》、《德经》、《道德经》。在这里，"一"就是"道"的借词、代词。老子在讨论"道"的天道观、地道观、人道观、一统观时，用的就是"道"、"德"等实词，以及"一"、"无"、"朴"、"静"、"常"等借词、代词。

当"一"代指"道"时，也就是"太极"。企业作为"混而为一"的

"太极"，可以做出如下分析，企业主要由以下元素组成：企业文化、员工、战略、组织、技术、专业管理、信息。它们为了实现生产与经营的目标，排列组合，作整合分析，形成了如下的结构模式，其关系，假如把它画成圆形，类似太极那样，从里圈到外圈，顺次是：

最里圈的是企业文化。价值观支配企业行为，有正确的价值观，企业才有正确的行为，这是最为重要的。企业文化的内隐部分，是不可道的，而企业文化的外显部分，具有"可道"性，企业文化正是要通过"无"来"观其妙"，通过"有"来"观其徼（边界）"。

次圈是员工。企业的领导人及员工是企业行为主体，他们的水平、能力与工作努力程度，对企业成败关系至大。但要说明，"企业文化"归属员工，从这一点说，员工是"老大"。

再次圈是战略，为企业发展谋全局、谋现时、谋万世，有正确的决策，企业就成功了一大半。

再外圈是组织，组织保证，人财物保证，组织工作保证，规章制度保证等，保证企业战略的实现。

再外面的圈是并列的两个元素，技术与专业管理。关于技术，科学技术是第一生产力，没有科学技术作保证，企业的产品拓新、生产拓变、市场拓宽、效益提高等一切都成为空话，关于专业管理中各种具体工作的管理：管人，管财，管物及各种基础工作，做好这些工作，有利于企业目标的实现。

再一个元素是信息。这个信息在位置上，不能列为各元素之末，却是在各元素之间，上下、左右、内外、前后流动，使企业生产经营活动正常有效运转。

在企业这个"一"中，成分间有分，有合。有时某元素与某元素合，有时某元素与某元素分；有时某元素起主导作用，有时另一元素起主导作用；有时这元素与那元素有矛盾，有时这元素与那元素成整合。矛盾具有普遍性，如天人关系有矛盾，人际关系有矛盾等，必须妥善处理。找主要矛盾，找矛盾的主要方面，运用矛盾分析方法予以解决。

赵孟頫手书《道德经》

历代名家手书"道"字图

二 为无为

从《老子》一书中可以看出，老子以"道"为最高本体，以"无为而无不为"为其原则和途径，进而达到德美合一的精神境界。据现代哲学家考证，"为"字有两层含义：一是指"意向"；二是指"做、行、为"。老子"无为"之"为"用的是前一义，"无不为"之"为"用的是后一义。在本体论哲学的层面上，"无为"是指"道"的无目的性、无意向性；"无不为"是指"道"的创生一切和包容一切的功能特征。在社会人性论述层面上，"无为"主要指悟道者无智巧、无贪欲、虚静澄明的心胸；"无不为"则是指"道"在摆脱一切内在和外在的羁绊干扰之后所达到的"有为"。老子主张"道法自然，无为而治"，其"无为"不是无所作为，而是不要违背自然规律。今天可以理解为：它要求企业领导者不要把企业中的员工当作"经济人"，而是"自然人"，要以人为本，尊重人的需求。

在社会主义企业里，职工是企业的主人，对职工进行严格管理确有必要，但严要有"道"，这个"道"就是合适尺度，符合企业实际，而不能脱离实际。同时，企业领导者需要把"只有严格管理才能出精品、出名牌、出效益"的道理，向广大职工讲清楚，使职工在明事理、辨是非的前提下，自觉接受规章制度的约束和控制，要做到严而有情，不能冷酷无情、铁板一块，不能简单地把职工当作工具和机器。

按照老子"无为"的思想，在使用制度规则约束职工行为的同时，必须了解职工需求的不同层次，以激发职工遵章守纪、从严管理的热情。当职工对严格的规章制度产生抵触情绪时，应想方设法消除其认识上的疑虑和误解，增强从严治理企业的自觉性，把思想工作作为一种理性和情感的沟通。在管理者与被管理者之间架起一座感情交流的桥梁，使管理者富有感情地做管理工作，达到管理者与被管理者的关系融洽与和谐，管理自然也就由被动转向主动。刚性的制度就转化为柔性的人文关怀。

"无为"不等于"不为"，老子提出"以辅万物之自然而不敢为"。老子的意思是人们不能不顺应规律，不能用主观意图扰乱自然趋势。企业管理要想出效果就必须遵从规律，要因自然而顺自然，根据事物的发展趋势积极采取对策，而不能任意妄为。如同柳宗元所著《郭橐驼种树》中的驼背老汉郭某，凡是长安城里种植花木以供玩赏以及种植果树出卖水果的富豪人家，都争着接他到家中雇用他。大家看到橐驼种的树，即或移植，没有不成活的；而且长得高大茂盛，结果又早又多。别的种树人即使暗中观察模仿，也没有谁能比得上。有人就问他的秘诀，郭橐驼就说："我郭橐驼并不是有什么特别的本事能使树木活得久、生长快，只是能顺应树木的天性，来让它的本性尽量发展罢了。大凡种植树木的方法是：它的根要舒展，给它培土要均匀，它带的土要是旧的，给它筑土要紧密。已经这样做了之后，就不要再去动它，也不必担心它，种好以后离开时可以头也不回。将它栽种时就像抚育子女一样细心，把它种完后就像丢弃它那样不再去管。那么它的天性就得到了保全，因而它的本性就不会丧失了。所以我只不过不妨害它的生长罢了，并不是有什么能使它长得高大茂盛的诀窍；只不过不抑制耗损它的果实罢了，也并不是有什么能使果实结得又早又多的诀窍。别的种树人却不是这样，种树时树根卷曲，又换上新土；培土如果不是过分就是不够。如果有与这做法不同的，又爱得太深，忧得太多，早晨去看了，晚上又去摸摸，离开之后又回头去看看。更过分的做法是抓破树皮来验查它是死是活，摇动树干来观察栽得是松是紧，这样树的天性就一天比一天远离了。这虽说是爱它，实际上是害它，虽说是担心它，实际上是仇恨他。所以他们都比不上我啊，其实，我又能特别做些什么呢？"

问的人说："把你种树的方法，转用到做官治民上，可以吗？"

橐驼说："我只知道种树的道理而已，做官治民不是我的职业。但是我住在乡里，看见那些当官的喜欢不断地发号施令，好像很怜爱百姓，结果却给百姓带来灾难。早早晚晚那些小吏跑来大喊：'长官命令：催促你们耕地，勉励你们种植，督促你们收割，早些煮蚕茧抽蚕丝，早些织你们的布，养好你们的小孩，喂大你们的鸡猪。'一会儿打鼓招聚大家，一会儿敲梆召集大家，我们这些小百姓放下饭碗去招待那些小吏尚且不得空暇，又怎能使我们人丁兴旺，人心安定呢？所以我们既这样困苦，又这样疲劳。如果这样比较，它与我种树的行当大概也有相似的地方吧？"

治国若此，治理企业也如此，老子就是要我们顺其性而为之。总之一句话，顺应自然。

什么叫顺应自然？自然的概念涉及两类问题：第一，行为主体与外在环境、外在力量的关系问题，从这个角度来看，"自然"的表述是"自己如此"，它强调的是事物的内在动力和发展原因；第二，行为主体在时间、历史的演化中的状态问题，从这个角度来看，自然可以用"本来如此"、"通常如此"和"势当如此"来表述，"本来如此"侧重于原初状态，"通常如此"侧重于现在的状态的持续，而"势当如此"侧重于未来的趋势，它们强调的都是事物存在与延续的状态，是事物存在与发展的平稳性的问题。概括地说，老子所说的自然包括了自发性、原初性、延续性和可预见性四个方面，这四层含义可以概括为两个要点，即动力的内在性和发展的平稳性，而更概括的说法则是总体状态的和谐。不和谐的状态，不论是内部冲突还是对外的冲突都会破坏自然的状态。认清自然的含义是对人性自然的重新阐释，是使之适用于现代人力资源管理的一个重要条件和步骤。

顺应自然不是刻板、一成不变，而是与时俱进。思维定势常常会使我们丧失发展机遇。有一个管理学的游戏，讲的是一条北美狗鱼被放在一只中间用玻璃分割成两半的大鱼缸的一边，另一边是无数的小鱼。因为鱼缸中间被一块玻璃隔开了，狗鱼能看见小鱼，但小鱼对它来说却是可望而不可即的，饥饿的狗鱼无数次试图去捕获小鱼，但结果只是撞在了玻璃上，最后它明白了要吃到小鱼是不可能的。后来玻璃隔板被拿开了，但是狗鱼却不再向小鱼发起进攻了。在一只跳进了热炉（只要跳进一次！）的猫身上，我们可以看到同样的行为。这说明我们经常会忽视差异，自以为全面了解了情况，而实际上不能根据具体情况/环境做出具体反应，刻板地照搬过去，拒绝考虑其他选择，更不能在压力下履行职责。

老子将一个鲜活生命的本质定义为"营魄抱一"，就是指魂和魄即精神和身体合而为一。这个"一"就是"道"，抱一即精神与体魄统一于"道"上面，使二者达到和谐的状况。

老子声称，道永远是处于无名而质朴的状态。它虽然幽微不可见，天下却没有人能支配它。侯王如果能保有它，万物将会自动地服从。天地之间（阴阳之气）相合，就降下甘露。人民没有令它均匀，它却自然均匀。万物兴作，就产生了各种名称，各种名称已经产生，就要知道适可而止；知道适可而止，就可以避免危险。道为天下所归，正如江海为一切小河流所归一样。大"道"像泛滥的河水一样广泛流溢、无所不到，万物依靠它生存，而它对万物却从不干涉，大功告成却不自以为有功。（它）养育了万物却不自以为主宰，总是没有自己的私欲，可以说是很渺小了；万物归附于它而它不自以为主宰，可以算得上是伟大。正由于它始终不自以为伟大，所以才造就了自己的伟大。老子这里点出了"伟大的人格"在于不自以为是。而这种不自以为是，并非故作谦逊，而是自然品性的流露。

对于企业而言，企业文化就是魂魄，它是企业成员共同的价值观念和行为规范。讲通俗点，就是每一位员工都明白怎样做是对企业有利的，而且都自觉自愿地这样做，久而久之便形成了一种习惯；再经过一定时间的积淀，习惯成了自然，成了人们头脑里一种牢固的观念，而这种观念一旦形成，又会约束大家的行为，逐渐以规章制度、道德公允的形式成为众人的"行为规范"。

总体而言，企业文化具有如下特性：其一，隐形潜在特性。企业文化主要是一种意识形态，作为"无"的载体——价值观，是隐形地、不知不觉地、点点滴滴地作用于人心，以理想、信念、道德、追求这些凝重的基因积淀在人的心灵之中，然后产生力量。

其二，扩散迁移特性。价值观不是凝固不变的，它是流动的、变化的，随着时间的推移、知识的增长、眼界的开阔、情形的改变而不断地调整、适应、完善。价值观也是可以互相影响的，领袖型人物的价值观会对他人的价值观产生强大的影响力，甚至折服他人完全接受自己的价值观。

其三，绵延遗传特性。《老子》第十四章中说："执古之道，以御今之有。"语意是根据古人传下来"道"的观念，去掌握、支配今天的现实事物。这话明白地告诉人们，"古之道"是可以被"历史"携迁到今天的，是可以为今天现实所闻的。企业的价值观也是可以通过企业文化、企业氛围灌输给企业的新人的，从而得以延续。

其四，稳定可塑性。价值观是属于观念形态的部分，一旦蛰居在人们的心灵深处后，形成信仰，就会呈现"惯性状"、"定势状"，并产生巨大惰性之力。然而，它有稳定性一面，也有"可塑"、"可变"、"可改造"的一面，只要把强大的教育力量作用上去，耐心细致的工作跟上去，原来沉积于人们心田之中的东西，也是可以改变的。

企业文化也就是"道"，是一个组织由其价值观、信念、仪式、符号、处事方式等组成的其特有的文化形象。譬如众所周知的北京全聚德烤鸭店，它本不叫"全聚德"，也不是烤鸭店。据史书记载，清同治三年（1864年），"全聚德"创始人杨全仁由山东到北京做小生意养家糊口，贩卖活鸡活鸭，由于他聪明勤快，加之平日省吃俭用，就有了一点积蓄。

一天，杨全仁在前门外看到一家叫"德聚全"的干果铺要转让，便果断决定拿出积蓄买了下来。有了自己的铺子，起个什么字号好呢？于是，杨全仁请来一位风水先生商议。那位风水先生围着店铺转了两圈，突然站定，捋着胡子说："哎呀，这真是一块风水宝地！您看，这店铺两边的两条小胡同，就像两根轿杆儿，将来盖起一座楼房，便如同一顶八抬大轿，前程不可限量！"

此时，风水先生又对杨全仁说："鉴于以前这间店铺甚为倒运，晦气难除。现在你除非将'德聚全'的旧字号颠倒过来，即改称'全聚德'，方可冲其霉运，踏上坦途。"风水先生的一席话，说得杨全仁眉开眼笑，因为"全聚德"这个字号正中他的下怀。一来他的名字中有一个"全"字，二来"聚德"就是聚拢德行，可以向世人表明自己做生意讲德行。于是，他果断决定将店铺的字号定名为"全聚德"。不久，他又请来一位对书法颇有造诣的秀才钱子龙帮他书写了"全聚德"三个大字，制成金字匾额挂在门楣上。那字写得苍劲有力，浑厚醒目。

"全聚德"的企业理念和文化形象则是解放后才树立起来的，新中国成立后，"全聚德"成为国家外事活动宴请外宾的饭店。周总理生前曾27次在"全聚德"宴请外宾。一次，周总理在"全聚德"宴请外宾时，一位外宾好奇地向周总理问起"全聚德"三个字的含义，周总理机智而精辟地解释说："全而无缺、聚而不散、仁德至上。""全而无缺"意味着"全聚德"在烤鸭以外，还广纳鲁、川、淮、粤菜等菜系的口味，菜品丰富，质量上乘无缺憾；"聚而不散"意味着天下宾客在此聚餐聚情，情意深厚；"仁德至上"则集中体现了"全聚德"人以仁德之心真诚为宾客服务、为社会服务的企业理念，这也正是"全聚德"的商魂所在。

"全聚德"之所以能够将它在全国的资源整合起来，形成大规模的餐饮集团，靠的就是这种企业文化。正因为如此，企业文化是企业在解决生存和发展的问题的过程中形成的基本游戏规则，始终以"解决问题"作为自己的宗旨。它被大家认为有效而共享，并共同遵循和自觉维护。企业文化是每个员工的行为习惯，是浸染了企业文化氛围之后自然而然的气质。同仁堂药店"济世养生、精益求精、童叟无欺、一视同仁"的道德规范约束着全体员工必须严格按工艺规程操作，如果人们违背了这种道德规范的要求，就会受到舆论的谴责，心理上会感到内疚。

一个企业要想可持续发展，必须得有自己的精气神。企业文化集中反映了企业的关键价值。它意味着公司的价值观，诸如进取、守势或是灵活——这些价值观构成公司员工活力、意见和行为的规范。管理人员身体力行，把这些规范灌输给员工并代代相传。它不是指知识修养，而是指人们对知识的态度；不是利润，而是对利润的心理；不是人际关系，而是人际关系所体现的处世为人的哲学。企业文化是一种渗透在企业的一切活动之中的东西，它是企业的美德所在。

海尔总裁杨绵绵说过一句话：人人都说海尔的核心就是创新文化，但是如何让创新落地。海尔的成功就在于坚持企业文化，坚持了近30年。为什么海尔的管理模式搬不走？因为这种管理模式枯燥、辛苦。杨绵绵说，人有三商：情商、智商和韧商，而韧商最难达到，这也是海尔的文化。文化是

"道"，它贯穿企业发展始终又潜行于企业各个细节和制度中。文化无形却又比有形之物更具有力量，是"理念制胜"时代企业的核心。因而，鹰腾咨询也认为优秀企业不但要上市，更主要是文化上市，价值观上市。

每个国家企业文化的模式与管理特点是不同的，美国的企业文化以个人主义为核心，因此，在美国企业中个人英雄主义比较突出，许多企业常常把企业的创业者或对企业做出巨大贡献的个人推崇为英雄。

欧洲文化是受基督教影响的，基督教给欧洲提供了理想价值观的道德楷模。基督教信仰上帝，认为上帝是仁慈的，上帝要求人与人之间应该互爱。受这一观念的影响，欧洲文化崇尚个人的价值观，强调个人高层次的需求。相比之下。英国人由于社会结构的原因，世袭观念强，一直把地主贵族视为社会的上层，企业经营者处于较低的社会等级。因此，英国企业家的价值观念比较讲究社会地位和等级差异，不是用优异的管理业绩来证明自己的社会价值，而是千方百计地使自己加入上层社会，因此在企业经营中墨守成规，冒险精神差。法国最突出的特点是民族主义，傲慢、势利和优越感，因此法国人的企业管理表现出封闭守旧的观念。意大利崇尚自由，以自我为中心，所以在企业管理上显得组织纪律差，企业组织的结构化程度低。但由于意大利绝大多数的企业属于中小企业，组织松散对企业生机影响并不突出。德国人的官僚意识比较浓，组织纪律性强，而且勤奋刻苦。因此，德国的企业管理中，决策机构庞大、决策集体化，保证工人参加管理，往往要花较多的时间论证，但决策质量高。企业执行层划分严格，各部门只有一个主管负责，不设副职。职工参与企业管理广泛而正规，许多法律都保障了职工参与企业管理的权利。职工参与企业管理主要通过参加企业监事会和董事会来实现。

日本是一个单民族的国家，社会结构长期稳定统一，思想观念具有很强的共同性。同时，日本民族受中国儒家伦理思想的影响，侧重"和"、"信"、"诚"等伦理观念，使日本高度重视人际关系的处理。这些决定了日本企业文化以和亲一致的团队精神为其特点，所以日本的企业文化也可以叫做"和合文化"。以团队精神为特点的日本企业文化，使企业上下一致地维护和谐，互相谦让，强调合作，反对个人主义和内部竞争。企业是一利益共同体，共同的价值观念使企业目标和个人目标具有一致性。企业像一个家庭一样，成员和睦相处，上级关心下级，权利和责任划分并不那么明确，集体决策，取得一致意见后才做出决定，一旦出了问题不归咎个人责任，而是各自多作自我批评。

新中国成立以前，受外国资本和封建官僚买办控制的企业中，劳动者处于被残酷剥削和压迫之下，他们没有自由，没有平等，有的只是愤怒和反抗。在旧中国，具有一定代表性的中国企业文化只有在民族资本主义企业中才存在，它是由老一代的民族企业家所倡导的。这里尤其要提到的是民生轮船公司的创始人卢作孚先生。

谈到中国的民族工业，毛泽东有"四个不能忘"的说法：重工业不能忘了张之洞，轻纺工业不能忘了张謇，化学工业不能忘了范旭东，运输航运业不能忘了卢作孚。卢作孚是重庆合川人，他于1925年秋弃学从商，奔回合川，创办了民生实业公司，设想以办轮船航运业为基础，兼办其他实业，把实业与教育结合起来，促进社会改革以达到振兴中华的目的。卢作孚白手起家创办航运，当初筹资得到友人支持，筹得8 000元资本，亲赴上海订购载重70.6吨浅水铁壳小船一艘，于1926年秋驶回重庆，取名"民生"，开辟嘉陵江"渝—合航线"。他们除了总揽岸上事务外，竭尽全力改善经营管理，卢还亲自上船接待旅客，并提出"一切为了顾客"的口号。上自经理下至水手都兼服务工作，接待热情，侍候周到，伙食亦好，很快就得到了社会好评，班班客满，接应不暇。外国的客运公司为了吸引游客，船上黄赌毒一应俱全，而唯独卢作孚的民生轮船公司，甲板上一尘不染，服务生彬彬有礼，无论贵贱，上船即是上帝，一律有水喝，有饭吃。公司第一年就获利20 000余元。卢作孚所倡导的"民生精神"实际上就是一种企业文化。

企业文化让每个员工明了一个根本问题：我从哪里来，到哪里去？由此形成一个团体的认同感，增强职工奋发向上的信心和决心，形成企业的向心力、凝聚力和发展动力。对于商品流通企业，营销行为文化与购物环境文化则是形成消费者对自己服务认同的基础，在这个意义上，企业文化当真是一个企业的"造魂工程"。

四 涤除玄鉴：以人为本

老子不但强调辨证的理性思维，也非常重视直觉与灵感在决策判断中的作用，认为"为道日损"（第四十八章），为道，这里是指通过冥想或体验以领悟事物未分化状态的"道"，这里的"道"指自然之"道"、无为之"道"。老子希望"为道不为学"，因为人的生命是有限的，而知识是无限的，拿有限的生命去追求无限的知识，只有困殆不已。日损，指外界对心灵所诱引的欲望一天比一天减少。老子认为，"求学"是追求外在的经验知识，因为"学而优则仕"的功利主义倾向，"禄在其中"助长了人们的智巧、伪诈和贪欲。"为道"是通过直观体悟以把握事物未分化的状态，或者感知自己虚静的心境，这种功夫做得愈深，内心私欲妄想的活动就愈少。除去私欲妄想，就可返璞归真、达到无为。"其出弥远，其知弥少"（第四十七章），意思是走出去越远，他知道的东西就越少。老子认为，心灵如一面明镜，可以洞察万物、知晓世事，具有本明的智慧。但是，如果心智活动向外驰求，就会使思虑纷杂、精神散乱，宛如使镜子上面蒙上灰尘，应该通过自我修养的功夫，作内观反照，净化欲念，清除心灵的蔽障，以本明的智慧、虚静的心境，去观照外物，去了解外物运行的规律。只有"涤除玄鉴"（第十章），去除一切私心杂念和定势，通过直觉的体验和"顿悟"，才能把握无形之"道"。老子要涤除的是三种东西：一是成见；二是伪诈；三是智巧。借用日常生活的概念，他希望我们通过玄鉴（照镜子）来反观自我。

老子的这番论述能在方法论上给人启迪。在很多管理决策情境中，由于决策任务的复杂性、信息的不完全性和决策主体认知的局限性等原因，决策主体只能在有限理性条件下进行决策，而这种决策过程的一个很重要的特点便是决策者不得不依据以往的经验和感觉做出直觉判断。

老子认为，行为能力与思维能力同等重要，并且人们采取的行动需要遵从客观规律，"适时动，循道行"。他列举出"上士"、"中士"和"下士"各自"闻道"的态度："上士闻道，勤而行之；中士闻道，若存若亡；下士闻道，大笑之……"（第四十一章）。"上士"（品性极高的人）听到了"道"，就努力地付诸行动，这说明老子是推崇实践精神和行为能力的。

现代领导理论越来越关注领导胜任力的研究，认为管理者的胜任力是与任务情景相联系的、管理者各项素质有机结合所形成的综合素质，并特别强调管理者在经营管理实践中体现出来的行为胜任力，即在不确定的风险情景下主动承担责任，进行决策以及解决实际问题的能力，这些要求在2000多年前老子主张的行为能力与办事素质中就已有体现。

老子的这种思想也告诫我们要谨防成见产生不良影响，譬如用人，一般的管理思想是用人之长，正如清代诗人顾嗣协的一首诗："骏马能力险，犁田不如牛。坚车能载重，渡河不如舟。舍长就其短，智高难为谋。生才贵适用，慎勿多苛求！"而老子却主张用人无长短，关键在于会用。老子把"圣人"的能力归结为"五善"："善行，无辙迹；善言，无瑕谪；善数，不用筹策；善闭，无关楗而不可开；善结，无绳约而不可解。"（第二十七章）也就是讲，善于行走的，不留痕迹；善于言谈的，没有错话；善于计算的，不用筹策；善于关闭的，不用栓销却使人不能打开；善于捆缚的，不用绳索却使人不能解除。因此，有"道"的"圣人"总是善于做到人尽其才，所以，没有被遗弃的人。圣人总是善于做到物尽其用，所以，没有被废弃的东西。

清朝有位军事家叫杨时斋的，就很善于用人之"短"。杨将军认为："军营中无人不可用：既如聋者，宜给左右使唤；哑者，令其传递密信；跛者，令其守放炮坐；瞽者，让其伏地远听。"杨时斋认为，聋者因耳塞少听可免泄军情且长眼色；哑者守口如瓶可免画蛇添足；跛者艰于行走而能负隅顽抗；瞽者目弱而耳聪。的确，杨时斋明白"长兮短之所倚，短兮长之所伏"这个道理，使得人人派上了用场。所以，管理的关键是要看用人之人能不能把每个人都放在恰当的位置。

作为管理者，在用人当中，首要的是充分地了解每一个人，包括了解人的智力因素、非智力因素，优点和缺点、长处和短处，就是人们常说的要"知人"。知人才能善任，才能把每一个人用到好处，才能人尽其才。正所谓"大匠无弃材，下尺各有施"。那种在用人当中习惯于把人一棍子打死，一眼就把人看透了、看瘪了，抓住一点不及其余的做法，无论如何也是用不好人的。这是很带有哲学意味的一个用人思想。

事实上，不论哪个单位，也不论单位大小，每一个人都有发挥作用的地方，之所以造成各种各样人才使用上的不当，是因为一些掌握着人的前途命运的人在用人的问题上掺杂了各种各样的人为因素，比如，人员地域的因素、亲疏远近的因素、社会关系的因素、领导者个人喜好的因素、宗派斗争的因素等等，这样才导致了常常有人心怀"英雄无用武之地"的感慨，常常有人生出"此处不留爷，自有留爷处"的无奈，常常有"小人得志便猖狂，英雄失意眼茫茫"的窘迫。出现这样的现象，说到底还是用人思想或用人水平的问题。

人性论历来是管理学的出发点，西方管理学有 X 理论（类似性恶论）、Y 理论（类似性善论），还有所谓超 Y 理论（类似善恶相混论），中国古代有孟子的性善论、荀子的性恶论、告子的无善无恶论、杨雄的善恶相混论、董仲舒的性三品说等等。唯独老子提出人性自然说，老子说人的本性就是人的朴素的自然性，它没有先天的道德属性，更无所谓善恶。人性在人的社会化过程中出现的或善或恶的表现其实就是社会道德对人本性的扭曲，叛逆了人的自然本性，都是人的"素"、"朴"本性的异化。

在道家后学庄子看来，人分五类，天人最高，为终极目标；神人其次，独与天地精神往来的庄子即是；其三至人，博大真人老子即是；其四圣人，传五经的孔子即是；其五君子，诸子即是。而且道家的圣人与儒家的"圣人"含义不同。道家的"圣人"不是道德修养的典范，更不是克制自己欲望（自然的人性）、一切遵循礼法的人；恰恰相反，道家所谓的"圣人"，是蔑视一切政教礼法，抛弃一切束缚心灵的教条、规则，以"虚静"、"不争"为理想生活，追求心灵的自由，也就是心灵与自然合一的人，可见道家的理想与儒家的理想在主要方面是根本相反的。因此，《老子》一书中的"圣人"概念，译者一律以"有道的人"、"得道的人"或"有道的圣人"翻译。

老子认为，管理者管理员工应顺人性之自然，即顺应人们心理和行为规律的基础上进行管理，而不要压抑、遏制员工的意愿。宗旨是"见素抱朴"（《老子》第十九章），即使员工恢复"素"、"朴"的本性，去掉诡诈、虚伪和私利，坦诚相待。素是没有染色的丝，朴是没有雕琢的木，两者都指天然去雕饰的自然状态。目标是调动员工的积极性，发挥员工的潜力。这一观点和西方"自我实现的人"假设有诸多相同之处，根据此观点，管理中越来越重视"以人为本"、自动化管理、弹性工作制、导向管理等一些约束性较少的管理方式。

美国学者阿吉里斯（Chris Argyis）指出，人总是处在从不成熟到成熟的连续发展过程之中。拙劣的管理阻碍着这个过程，使人的性格不能走向成熟。良好的管理则可以促进这个过程，具体办法是：扩大职工的工作范围，使职工有从事多种工作的经验，采取参与式的、以职工为中心的领导方式，加重职工的责任，更多地依靠职工的自我智慧和自我控制等。这些理论丰富了企业文化的基础性内容。正是基于此，目前管理界还提出了 H 理论，H即 Haier，海尔创造的是具有中国特色的"H 理论"：主动变革内部的组织结构，使其适应员工的才干和能力，而最终实现人与企业共同发展。

老子说："故道大，天大，地大，人亦大。域中有四大，而人居其一焉。"帛书本"域中"作"国中"，意思是宇宙中有四大。老子讲"道"是先天地而存在的，只是说在时间上先于天地而存在，而不是指逻辑上先于天地存在。它虽然无形无象、不可捉摸，但并不是超空间的，因此它才可以变成有固定形体的天地万物。老子这是借天喻人，企业"域中"也有四大："道"是企业生产经营活动的规律，企业的价值观；"天"是企业的天时；"地"是企业活动的地利；"人"是企业的职工，也就是要做到人和。天时是自然因素，人们较难控制，正所谓"天有不测风云"；企业活动的地域，涉及先天的地容地貌，人们也很难左右；唯有"人"，自身世界，自己可以把握和控制，或勤奋，或懒惰，或进取，或退守，人们能做到自尊、自爱、自强来"敢叫日月换青天"，所以"天时不如地利，地利不如人和"。

随着市场经济的发展，越来越多的人意识到，人才匮乏的企业是不可能获得长足发展的，企业的竞争即是人才的竞争。而企业的每一个员工都有可能是一个潜在的人才，只要有合适的环境，他们都将转化为现实的人才。

在知识经济时代，员工的管理问题是关系到企业生死存亡的问题。这也就是说，企业的所有工作都要以"人"为中心来展开，强调人在管理中的重要性，给每一位员工最大的发展空间，使每一位员工都能够施展自己的才华。这是因为决定企业发展前途的并不是空间、土地和自然资源，而是员工的素质、技能和水平。员工的能力和素质是决定一个企业成功的关键。对人才的不合理使用可以说是企业的最大浪费，而对人才的流动不能进行合理的调控，则会导致企业人才的流失或闲置。所以，对企业而言，人才管理的重点，不在于要不要流动，而在于尽最大努力做到人尽其才。这其中除了设法通过工作、薪资、住房等"硬"措施养人、留人之外，还应通过感情上的慰藉、安全感和归属感以及为员工提供业务培训与提高的机会等"软"措施来满足员工心理与感情的需求。

以人为本的企业管理要以做好人的工作为出发点去塑造企业表层文化，就是说，要充分发挥企业职工的作用，在"共"字上下工夫："共识"——确立全体职工认同；"共建"——领导员工齐心协力共同建设；"共享"——效益共有；"共约"——全厂职工行为受制于企业共同价值观。

五 道与阴阳：二线管理法

《老子》第二章谈到："天下皆知美之为美，斯恶已；皆知善之为善，斯不善已。有无相生，难易相成，长短相形，高下相倾，音声相和，前后相随，恒也。"天下的人都知道美之所以为美，这就有丑了。恶，指丑。这是老子思想中的辩证观念，正因为有"美"的观念产生，就说明同时有"丑"的观念产生，否则就无所谓美了，这是事物存在的相反相因、对立统一的关系。

马克思主义的唯物辩证法有一个核心规律，那就是对立统一规律，也就是所谓的矛盾，在日常生活中我们叫"悖论"或"两难处境"，更确切一点也叫"二律背反"，讲的也是关于阴阳分析方面的问题。"悖论"是说，一件事物可这样处理，也可那样处理，各有处理效果，用甲办法处理了会出现乙问题，用乙办法处理了却出现了甲问题，两难处境，二律背反，只能据情选取一个利大于弊的去做。

就经济管理方面问题说，有关于计划与市场、国家利益与企业利益、企业利益与企业员工利益、所得所留、定量分析定性分析、己有他有等矛盾。从大的经济角度说，国家计划与市场调节，政府对经济活动的调节和干预，就是运用计划手段，通过经济的、行政的手段调节供应总量，调节生产和流通；利用国家力量，加强重点建设；采取多种政策和措施，促进社会公正平等。但是，计划手段也有它的弱点，比如对繁杂多变的市场需求状况不能了解那么及时、准确；计划集中与信息分散的矛盾，导致产需脱节、经济主体利益受到损害、资源浪费等问题，甚至造成动力不足、效益低的后果。因此，如果政府用计划手段进行的调节和干预不当，就会出现"计划失灵"和误导。

悖论使管理需要在两种相反力量的作用下仍然保持平衡，管理者必须清楚，每一种管理优势总会伴随着一种缺陷，如制定人力资源规划，规划虽能明确方向，但遮蔽了潜在的风险；规划强调了集体的行动，但行动的过度集体化将导致"群体思维"；规划奠定了其他管理方面的基调，却易使组织陷于模式化而丧失整个组织体系的丰富性；规划提供了一致性与有序性，而非一致性却是创造力的源泉。管理者必须明白虽然他们能够化解某些矛盾，但不可能完全消除、解决或回避这些矛盾。混沌、复杂、矛盾是今天的企业所面临的全新现实环境，尤其是对人的管理都会面临许多悖论，只有通过巧妙平衡由悖论产生的各种相互矛盾的需求或所谓"张力"，管理者才能获得好的业绩。

如何巧妙平衡管理中面临的两难处境？就涉及对模糊的、无形的、有弹性的管理手段的深刻体悟和灵活运用，以及同明确的、有形的、制度化的管理方式的配合互补，最终在矛盾中寻求平衡，达到整体和谐的状态，"冲气以为和"。斯科特·菲茨杰拉德曾说："对一流头脑的检验是看它在同时装载两种对立的思想时运转的能力。"二线式管理的原理很好地体现了管理者的管理思维和管理理念，对解决管理中遇到的悖论问题提供了有效的解题思路和方式。

所谓二线是指人力资源管理要从阴和阳两条线索入手，它们是进行管理的两个方面，相互包含、相辅相成、缺一不可。阴和阳的区分，根据看问题的角度不同，可以有不同的内容。从管理的形式分，阴代表"无"，阳代表"有"；从管理的手段分，阴指"柔"，阳指"刚"；从管理的制度看，阴代表"情"，阳代表"法"；从管理的状态看，阴指管理中的"势"，阳指管理中的"态"；从管理的对象看，阴指对人的心理、思想的把握，阳指对人的行为、工作的管理；从管理主体看，阴指管理主体对自身的管理，阳指管理主体对他人的管理；从管理关系看，阴指心理契约关系，阳指劳动契约关系。总之，阴是看不见、说不清、可意会、可体悟、深入人心的由内而外的管理，而阳是具体的、明确的、可成文的、可规定的、易掌握的由外向内的管理。老子说"万物负阴而抱阳，冲气以为和"，就是说万物都有阴阳二气，这阴阳二气相激相荡而产生和气，以调和养育万物。运用到人力资源管理上，阴线是通过内在牵引力，对员工潜移默化，使其自觉行为，阳线是通过外在约束力，使员工的行为步入正轨。通过双线合璧引导员工发挥主观能动性，融入企业文化，不断调整自己的利益观，使得个人目标同企业目标相一致，达到人与人之间和谐相处、部门之间相辅相成、人与岗位匹配谐调，从而推动企业健康、稳定、可持续发展。[①]

二线管理法是符合人性的，在笔者看来，很难将人性简单归结为性善性恶，其内部也有两条线，而两条线的边界也是很难分清的，只要我们的企业管理模式能够顺其本心，在企业追求效益的同时实现人的全面自由发展，那么，企业员工就会把这份职业变成事业来做，把自己的职业生涯规划与企业的长远发展联系起来。

对于企业而言，相生、相克、相成、相和、相形、相盈的辩证关系，管理者要了然于心，也正是事物之间的相反相成和对立转化使得任何一种管理行为都不可能完美，只有明白事物发生发展衰落消亡的成长规律，明白质量互变规律，得失存乎一心，学会调节和容忍，这样才能从根本上明了生存之

---

① 邹敏：《基于老子思想的人力资源二线式管理研究》，河海大学企业管理专业硕士论文，2007。

道。企业管理中，道就是企业运行发展的规律，要使企业运行合乎发展规律，就需对其进行管理，这就是道生一，一是管理；一生二，就是管理由两方面组成。万物都有两面性，管理也不例外，有刚柔之分，有法情之别，有明确模糊之异，有意会言传之差，故将其归类为阴阳二线；管理阴阳两线相互配合、合理运用，达到人员的和谐，和谐加上阴阳就是三；三生万物，管理有效、企业内部和谐，企业逐渐步入稳定、可持续的发展道路。

事实上，刚性管理和柔性管理目的一致。刚性管理是前提条件，柔性管理是必要补充，二者相辅相成、相互补济，构成有效管理的两个方面。刚性管理强调外在的规范，它主要通过各项政策、法令、规章、制度形成有序的行为，管理者的意志通过这些具体条文体现，使得人们的行为有所预期，有安全感和依托感，使人们放心地、充满希望地在制度框架内自由行动。因此，刚性管理在管理中是初始的，也是必需的。但是，由于这种管理的形式化和外在性，当人们没有自觉接受之前，它又有机械、肤浅和简单化的负面效应，但刚性管理对管理者来讲是有序的和有的放矢的，因而它省略了许多无效、费时和劳神的工作，减少了许多摸索、猜测和捕捉信息的苦恼。而柔性管理则是捕捉信息、理顺人心的过程，由于信息的潜在性、伪装性以及人为的隐蔽性，所以它对管理者来讲是随机的和难以捉摸的，因而它给管理者带来了许多无效、费时和艰难的工作，造成了因信息不畅和胸中无数而无从下手的苦恼。因此，如何及时、准确、高效地捕捉人们心中的信息是柔性管理的难点。

刚性管理体现了对员工的约束，而柔性管理把组织意志变为人们自觉的行动。卢梭在《社会契约论》中曾这样说："即使是最强者也绝不会强得足以永远做主人，除非他把自己的强力转化为权利，把服从转化为义务。"柔性管理就是将服从转化为义务的一个过程，刚性管理类似于强者的权力，用指挥和命令的手段来解决问题，涉及的是工作活动和生活利益方面的问题。而对于人们思想、意志以及人际矛盾方面的协调却是柔性管理发挥作用的领域。在现实生活中，大量矛盾需要协调。有时难以发现，有时属于思想认识领域的问题。无法用强力解决，只有通过润物细无声的春风化雨般的思想政治工作，才能深层次解决问题。管理过程离不开激励，包括不失时机的评价、恰到好处的批评与表扬、必要的奖励与惩处，这些也不是死板地按照规章制度办事的过程。特别是在宣传本企业的宏伟目标和成绩、宣传敬业精神时，在宣传管理者身先士卒、无私无畏的崇高形象时，在出现天灾人祸等突发性不测时，管理者的关心、同情都是不可或缺的，真情最能打动人。柔性管理最能牵动群众情绪，使人们的情绪向着稳定、高昂、持久的方向转化。

总之，管理者要妥善处理柔性管理与刚性管理的关系，在思维方式和实际操作中都要刚柔相济、宽猛适当，既要发挥制度的约束作用，又要调动劳动者的积极性。

第二章

孔德之容

孔德之容，惟道是从。道之为物，惟恍惟惚。惚兮恍兮，其中有象；恍兮惚兮，其中有物。窈兮冥兮，其中有精；其精甚真，其中有信。

——《老子》第二十一章

一 德源自道

"德"是《老子》中一个重要命题。《老子》的一部分被称为"德经"（第三十八至八十一章，其余第一至三十七章为"道经"）。《老子》一书专门讨论"德"的就有 16 章次，字面上出现"德"的字样有几十处之多，议论得最集中的、最主要的是第三十八章。

什么是"德"？"德"是"道"的作用，"道"是体，"德"为用。"道"以宇宙、自然为对象作议论，"德"以社会、人生为对象作议论。"德"的渊源是"道"，"道"作用于社会，政治、人生的就是"德"。"道"是本，"德"是植。"道"通导，"道"者导也，"道"者，规律也。"德"通得，"德"者得也，得也者，谓得其所以然也。天人相应，人法自然，老子把对宇宙自然所讨论的一些道理，通过"德"，论及到人类世界上来了，论及到社会、政治、人生、伦理等上来了。学者詹剑峰在《老子其人其书及其道论》一书中，就是把"德"放置在"人法自然篇"中议论的。学者陈鼓应论及"德"的问题，讲到第三十八章内容时，称本章的讨论"人际关系愈来愈外在化"。学者林语堂所著《老子的智慧》一书中，有一篇叫"生活的准则"，议论的是《老子》第四十一至五十六章的内容，还有一篇起名叫"政治论"的，议论的范围也是属于"德经"部分的，是第五十七至七十五章的内容，以上所谓"生活的准则"、"政治论"云云，所讨论的都是人世间的问题。

细究起来，老子所说的"德"有两类含义：一类是"道"之"德"。这里的"德"，实际是"道"的另一种称谓，"道""德"同体、同义，"道"即为"德"，"德"即为"道"，如《老子》第五十一章说到万物的生活缘由时，就说了"道生之，德畜之"（道生成万物，德养育万物）的话。另一类是人世间的"德"，就是"道"的软着陆，处于宇宙太空间的"道"溅落到人世间。如老子之所以能够叶落知秋，窥一斑而知全豹，在于他从自己本身的情形去观照别的人；从自己一家的情形去观照别人家的情形；从自己一乡的情况去观照其他乡的情况；从自己一国的情形去观照别的国家的情形；从目前天下的状况去观照将来天下的状况。他说，修德于一身，他的"德"就可以纯真；修德于一家，他的"德"就会有余；修德于一乡，他的"德"就会增长；修德于一国，他的"德"就广大；修德于天下，他的"德"便会普遍。因此，他要求修德要推己及人、见微知著。

溅落到人世间的"德"，并没有背离《老子》"道"的主旨，比如"道"讲"无为"，"德"也讲"无为"。讨论老子的"德"，需要研究第三十八章上的话。在这一章中，老子关于"德"的议论最为典型，其中就讲到"无为"的问题时这么说：上"德"不德，是以有"德"；下"德"不失德，是以无"德"。上"德"无为而无以为，下"德"无为而有以为。

这段话的意思是，持上"德"的人，不自持有德但却有德；持下"德"的人，自持有德，实际却没有德。持上"德"的人，顺应自然无所求无所为；持下"德"的人，为之所欲，故意表现他的德。这段话，老子明白地借"德"来宣传他的"道"，他的"无为"观。

"无为而治"，孔子也这样说。但孔子讲"无为而治"仅仅从领导方法这个角度去讲；老子则把"无为"看作管理的一个最高原则、最高境界，"道法自然"是管理的一种哲学追求。再者，孔子讲"无为而治"，是在提倡"仁"、"义"、"礼"这些道德；老子则不然，老子主张"绝仁弃义"（第十九章）。

老子反对"仁"、"义"、"礼"在第三十八章中也有表露。在第三十八章里，他议论"道"、"德"，还议论"仁"、"义"、"礼"，且作序列议论，崇扬的最高层次是"道"，其次是"德"。"德"又可分为上"德"、下"德"，以下依次为"仁"、"义"、"礼"，用老子的话就是上德的人顺任自然而无心作为，下德的人在形式上表现"德"并有心做作。上仁的人有所表现但出于无意，上义的人有所表现却出于有心。上礼的人有所作为却得不到回应，于是就伸出胳臂，强掣牵拽。所以，丧失了"道"而后才有"德"，丧失了"德"而后才有"仁"，丧失了"仁"而后才有"义"，丧失了"义"而后才有"礼"。"礼"这个东西，是忠信的不足，是祸乱的开端。所谓"先知"，不过是"道"的虚华，是愚昧的开始，因此大丈夫立身敦厚，而不居于浅薄；存心朴实，而不居于虚华。所以，要舍弃薄华的"礼"，采取厚实的"道"和"德"。

还须指出，老子肯定的"德"，主要是"上德"，"上'德'无为而无以为"，他不太赞成"下德"，"下'德'无为而有以为"。因为，这个"上德"符合"道"的主旨，正如《老子》第二十一章中说的"孔'德'之容，唯'道'是从"，第五十一章中说的"生而不有；为而不恃，长而不宰。是谓'玄德'"。尽管"上德"和"下德"都讲"无为"，但这个"上德"，实际就是"无为而无以为"的"道"；"下德"则不然，是带着主观功利色彩的"无为"，是"无为而有以为"。

上面阐发了《老子》"德"论的一些基本观点。本书是讨论《老子》与企业管理的，这里有两个问题值得探讨：（1）"'德'无为而无以为"这个观点对不对？是积极的观点还是消极的观点？（2）它有没有普遍价值？适用于企业管理否？

我们先讨论"无为"观的对与否，这是千年争论公案，笔者基本持肯定态度。

"无为"在老子心目中是一个重要概念，《老子》一书10次以上使用了这个词。老子倡导"无为"，千万不要以为老子所说的"无为"是一无所求，一无所为。不是的，老子实际上也是讲有为的，这可以在《老子》第三章、第六十三章的一些论述中得到佐证。第三章中说"为无为，则无不治"；第六十三章中说"为无为"。这两章的"为无为"，那"为"是目的，那"无为"是手段。"无为"了，就可以得到有效的"为"，"而无不治"

的"为"。在《老子》中类似的话还可列举出不少，如"圣人无为故无败"（第六十四章），"无为而无不为"（第四十八章），"我无为而民自化"（第五十七章），"知无为之有益"（第四十三章）。这"故无败"、"无不为"、"民自化"、"之有益"，都是属"有为"范畴的内容。

让我们从分析《老子》最有争议的第三十七章的内容入手。老子说：

"道"常无为而无不为。侯王若能守之，万物将自化。化而欲作，吾将镇之以无名之朴。镇之以无名之朴，夫将不欲。不欲以静，天下将自正。

有人把上述话视为老子最典型的消极、狠毒、权诈的话。消极：主张一切不为，一切不欲。狠毒：人家有了"欲作"，却要用"无名之朴"去镇压它。权诈：表面说"无为"，实际追求"无不为"。而且还假惺惺地要侯王"守之"，要"不欲"。

老子的"无为"思想是否"狠毒"、"权诈"，我们将在"柔"论中进行讨论。是否是消极呢？如前已述，老子的"无为"是为了有"为"，因此并不消极。

"无为"，在两种意义讲是积极的、有意义的：一作顺乎自然讲，把"无为"视为人类活动的一种行为方式，"'道'法自然"（第二十五章），不做规律所不允许的事；二视"无为"为有"为"的一种努力。在"为"中使用"无为"。并不是什么都不为，而是有所不为，又有所为，在该使用"为"的时空条件下使用"为"，在不宜使用"为"的情况下就"无为"。"为"，为那些有意义的事，不"为"那些低级趣味的事，更不"为"那些蝇营狗苟的事。腾出时间、精力去做有益的大事，有所"无为"才有所"为"，总的是争取获"为无为"的效果。这样的理解可能有悖老子的原意，但是，不要紧，老子追求的是"为无为"，是"故无败"、"无不为"、"民自化"、"之有益"。应该视此为一种难得掌握的管理艺术。

庄子将老子的无为发展到以无用为大用，他常常借用树来解释这个道理：南伯子綦曾经遇到一个可供四匹马车在下面乘凉的大树，但细枝拳曲不直，其根文里盘旋，用舌头舔叶子口舌马上糜烂，用鼻子闻让人狂醉三日。结果这棵树得以存活几百年。一个叫石的匠人曾在神社中见到一个栎树，因为用它做船会沉底，做棺材会腐朽，做器具不经压，做栋梁生蛀虫，做门窗出脂油。而这两棵树都得享天年。人也如此，一个叫支离疏的人，头低垂，两肩超过头顶，五脏脉管从脊背向上，肢体残缺不全。但他靠缝补衣服便能维持生活，遇到征兵他仍然敢大摇大摆地走在集市上，国家每次赈济都少不了他，正是由于他的无用，他才得以老于户牖之下。

据说，庄子行走于山中，看见一棵大树枝叶十分茂盛，伐木的人停留在树旁却不去动手砍伐。问他们是什么原因，说："没有什么用处。"庄子说："这棵树就是因为不成材而能够终享天年啊！"庄子走出山来，留宿在朋友家中。朋友高兴，叫童仆杀鹅款待他。童仆问主人："一只能叫，一只不能叫，请问杀哪一只呢？"主人说："杀那只不能叫的。"第二天，弟子问庄子："昨日遇见山中的大树，因为不成材而能终享天年，如今主人的鹅，因为不成材而被杀掉。先生你将怎样对待呢？"

庄子笑道："我将处于成材与不成材之间。处于成材与不成材之间，好像合于大道却并非真正与大道相合，所以这样不能免于拘束与劳累。假如能顺应自然而自由自在地游乐也就不是这样。没有赞誉没有诋毁，时而像龙一样腾飞时而像蛇一样蛰伏，跟随时间的推移而变化，而不愿偏滞于某一方面；时而进取时而退缩，一切以顺和作为度量，优游自得地生活在万物的初始状态，役使外物，却不被外物所役使，那么，怎么会受到外物的拘束和劳累呢？这就是神农、黄帝的处世原则。至于说到万物的真情，人类的传习，就不是这样的。有聚合也就有离析，有成功也就有毁败；棱角锐利就会受到挫折，尊显就会受到倾覆，有为就会受到亏损，贤能就会受到谋算，而无能也会受到欺侮，怎么可以一定要偏滞于某一方面呢！可悲啊！弟子们记住了，恐怕还只有归向于自然吧！"这形象地告诉我们，老庄的"为"、"无为"自有其判断价值，顺乎自然一点，是能收到为的效果的。

我们再讨论第二个问题，老子的"德"论是否有普遍价值，答案是肯定的。"德"是人世间的一个命题，是实践中提炼出来的，又可反作用于实践中去。"德"是一种价值观，正确的哲学观是有普遍指导意义的。"德"哲学的合理性，可作用于人世间的方方面面。诚如老子所说是可以"修之""于身"、"于家"、"于乡"、"于邦"、"于天下"的，其中也包括管理，比如"为无为"的思想，企业管理也应从积极角度去理解它，艺术地去实践它。

赵孟頫手书《道德经》

我獨異於人而貴求食於母
孔德之容惟道是從道之為物惟恍惟惚
惚兮恍其中有象恍兮惚其中有物窈兮
冥兮其中有精其精甚真其中有信自古
及今其名不去以閱眾甫吾何以知眾甫之
然哉以此
曲則全枉則直窪則盈弊則新少則得多

二 阴阳鱼与管理模式

"为无为"有三个境界：第一个是不妄为；第二个是有所为有所不为；第三个是无为无所不为。这三者是混合的，可用来探索企业管理活动的规律。

我国学者丁善懿 1986 年去美国、加拿大等国家考察，考察了《周易》在国际上的运用情况，回国后写了一篇《易经与科学管理》的文章，介绍了国外学者在学习《周易》中是如何联系科学管理的，列出易经中内涵的 10 个问题与现代管理对比着作议论。比如，在议论易经中"太极"这个问题时说，企业也是一个太极，在企业管理这个混而为一的太极中，存在着多种矛盾，如管理者与被管理者的矛盾，要善于协调这些矛盾。丁善懿列出的 10 个问题是：太极，混为一体之极，谓管理要讲矛盾的存在与和谐；两仪，太极生阴阳两仪，谓管理要讲矛盾双方"致中和"；三才，天地人三才，谓管理中要妥善处理天地人三者关系；四象，两仪裂化成四象（老阳、少阴、少阳、老阴），谓管理要善于审察时（时间）、位（空间）、中（居中）、应（感应）这四个基本问题；五行，金木水火土，谓管理中也有如宇宙中存在着如金木水火土那样的要素，比如管理有计划、组织、指挥、人事、控制等职能，要搞好这些管理元素的工作；六爻，太极有六十四个卦，卦的元素是爻，每卦有六个爻组成，六个爻组成时有一个排列问题，谓管理要讲层次性；七政，西方易学家把易经归纳为七种实用原理，如变易原理，谓管理要善于通解易学原理而变；八卦，乾巽坎艮坤震离兑，谓管理可从八卦所列示的象数气理变化中得到智慧的启迪；九宫，河洛图上的九个方格，谓管理某些活动也要善于选择地理位置以行动；十象，河洛图上的十象之数，这个几何图形所反映的数字从 1 到 10，却变化无穷，谓管理也如同易学变化一般是多种多样的，要善于处置。

笔者不完全了解国外学者研究《周易》的情况，也不完全同意用上述 1~10 的 10 个自然数为由头来讨论深邃的易学哲理，对其中"易"与"管理"的联系，其阐述也有需要商榷的地方。但国外的这种研究是很有意义的，想象很丰富。它启示我们，从事企业管理研究，要善于广泛借鉴各方面的知识为其所用。

丁善懿讲的是《周易》上的若干问题，其实，究其源，其中不少是老庄哲学中所讲的一些道理，以"太极"这个问题为例，《老子》第十四章中就有"混而为一"的思想，有"负阴而抱阳，冲气以为和"（第四十二章）的观点。《庄子》中也说"万物一也"。老庄两位在这里所说的"一"就是太极，而老子所说的负阴抱阳，冲气为和，就是太极生两仪之意。

其实，"太极"这个称谓，在老庄著作中也能见到。古人把"太极"称"无极"，宋代周敦颐在《太极图·易说》中讲了这件事，这就是说，"无极"、"太极"通义。"无极"的说法《老子》中有，《老子》第二十八章中说："知其白，守其黑，为天下式。为天下式，常德不忒，复归于无极。"《庄子》中也有，《庄子·在宥篇》中说："入无极之门，以游无极之旷。"

人们还可以看到，现在一些信奉道的人，在他们的衣着上，在一些有关道家著作的封面装帧里，常常缀有黑白相间的对鱼状图案，这叫太极图。这太极图的创造者据说是宋代周敦颐。明代黄宗炎却说"创自河上公"。河上公何许人也？是汉著名的道学注释家，河上公客观上已被世人视为道家的假名。假如黄说得以成立的话，说明太极图是归属道家的，尽管渗透有周敦颐对太极图的理解与创造。

这里引用了丁善懿的文，讲了一大通有关太极的话，只是想借此产生联想，议论一个企业管理的模式观念问题。

正如丁善懿所说，企业管理也是一个太极，企业管理作为"混而为一"的"太极"，它也有"阴阳生两仪"的问题，也是"道生一，一生二，二生三，三生万物"（第四十二章）衍生万端，太极有个太极图，企业管理也可构筑出一个企业管理的模式图来。

著名的中西比较研究哲学家、美国夏威夷大学成中英教授，多年来致力于"中国管理科学化，科学管理中国化"的研究，力求把中国的传统智慧与西方的科学管理学说臻然贯通，建立中国式的现代企业管理哲学。他把《周易》、《老子》、《论语》等的基本思想移植到企业管理中来。关于《周易》，他认为易经所讲的万物运行、生生不息现象，都是其元素间由于外因变化而使内因发生变化的过程（其实，老学也是这么看的）。据这样认识，他创造性地提出了一个企业管理的理论模式——C 理论模式。C 既指中国（China）哲学源头《易经》（Change）的创造性（Critivity），又指成中英（Chung－ying Cheng）所理解的儒家（Confucius）文化（Culture）。其模式包括五个因素：自我修养的中心性（Centrality）、王者之道的控制力（Control）、处变不惊的应变力（Contingency）、生生不息的创造力（Creativity）、海纳百川的包容力（Coordination）。这五项内容的英文都是 C

字打头，所以被称为 C 理论模式。

国内也有人研究企业管理模式，中国人民大学工业企业管理教研室李占祥教授等几位构思了一个企业管理理论模式，是从企业系统结构角度出发，把企业管理分解为八个元素：企业文化、领导与组织、职工队伍建设、经济利益分配、战略、技术、管理基础工作、专业管理等，然后进行有效组合实施管理。

笔者试图根据《老子》的"为无为"思想，"太极图"的启迪，中西学者研究管理模式所取得的成果，也构筑一个企业管理模式来。

"为"，企业生产经营活动"为"的目标，是产出产品与劳务，实现两个满足：企业自身生存发展需要的满足与为社会、市场提供产品与服务的满足。

"无为"，探求实现"为"的规律与艺术。笔者把"混而为一"的企业管理分解成如下元素：企业文化、职工、战略、组织、技术、专业管理、信息。其思路是这样的：实现"为"（两个满足）的本源是职工，包括企业领导人与企业一般员工，企业职工是从事企业生产经营活动中的各项工作的主体，他们的工作好与坏，对企业工作关系重大；实现"为"（两个满足）的关键环节是战略决策，对企业的生产经营活动做出谋万世、谋全局的科学决策来并付诸实施，唯如此，企业的"两个满足"的追求才能实现；实现"为"（两个满足）的保证因素是组织，人财物力量的组织，机构的设置，制度的制定，以此来保证战略决策的实施；实现"为"（两个满足）的力量是技术，科学技术是第一生产力，没有技术，产品拓新、生产拓变、市场拓宽、效益提高都是不可能的；实现"为"（两个满足）的基础是做好专业管理工作，没有良好的专业管理，扎扎实实的管理基础工作，实现"两个满足"将是一句空话；实现"为"（两个满足）的沟通要素是信息，企业内外的信息畅通，上下信息畅通，左右信息畅通，企业生产经营活动才能做到正常运转；实现"为"（两个满足）的支柱因素是企业的价值观，即企业文化，企业价值观是支配企业及其职工行为的，有正确的价值观，才有正确的企业行为、职工行为，实现"两个满足"需要有正确的价值观作指导。

上述七个管理元素，在"为无为"中，形成层次关系。其结构的顺次关系，按照其重要程度排列是：企业文化、人员（领导者、职工群众）、战略、组织。下面一个层次是两个元素，即技术与专业管理工作，它们处于并列位置上。此外还有一个信息的元素，它不处在顺序系列中，却存在并活动于企业生产经营活动全过程的方方面面、时时处处。

沃特曼·彼得斯等提出过"7S"框架图，分别指整理（Sort）、整顿（Straighten）、清扫（Sweep）、清洁（Sanitary）、素养（Sentiment）、安全（Safety）、节约（Save），主要解决工作场所凌乱无序的状态，提升职工的个人素质。其实，这也是把"企业文化"这个元素放置在诸元素中间，其他元素分布在"素养"元素的周围，说明其他六个元素都受制于"企业文化"，同时也反作用于"企业文化"。而且，这七个元素都是负阴抱阳的、交相辉映的、对立统一地存在的，如同具有"太极图"那样的神韵。

三 "治大国若烹小鲜"

"治大国若烹小鲜"，是《老子》第六十章中的一句话。这句名言，1987年曾被当时的美国总统里根在他的该年度国情咨文中引用过，引发了美国人对《老子》的浓厚兴趣，有七八家出版公司争着要出版该书。

"治大国若烹小鲜"，此话怎么解释？古人韩非说："烹小鲜而数挠之，则贼其泽，治大国而数变化，则民苦之，是以有道之君贵静不重其法。"现代人蒋锡昌这么解释："夫烹小鱼者，不可扰，扰之则鱼碎，治大国者当无为，为之则民伤。故云：'治大国若烹小鲜。'"

他们讲治国不能扰民是有道理的。读《老子》第六十章全文，其内涵

白
话
老
子
学
管
理

可以看得更清楚。第六十章这么说：

治大国若烹小鲜。以道莅天下，其鬼不神；非其鬼不神，其神不伤人；非其神不伤人，圣人亦不伤人。夫两不相伤，故德交归焉。

这段话，老子宣扬的仍然是"道"与"德"，以"道"的原则莅临天下，鬼将失去其神通；不是说鬼不显神通，是神明不阔害人；不是说神明好心不伤人，是因为圣人不会侵越人。因为鬼神、圣人都不侵越人，所以，"德"交归给人民了，天下就太平了。原来，治大国若烹小鲜是"道"莅天下，"无为"统御天下之举。

这段议论"圣人治大国"的话，说理清晰，比喻形象，推理有序，是绝妙文字。从哲理上告诉我们，治国不要以繁琐之政扰民，不要频频变政治民，不要处处设卡立规制民，要如烹小鲜那样清静取道，无为而治。总的来说，就是治国不扰民，扰民不治国。

"治大国若烹小鲜"，老子是用形象的语言、借喻的语言、形成反差的语言来议论治大国这样的大事。治大国可以形象成、借喻成、反差成如烹小鲜一般烹治之，它昭示人们治理其他事，比如治社会、治事业、治家业等，更可以如烹小鲜那样治。其中也包括治企业。

"治大国若烹小鲜"，这句话，从其内涵分析，给我们的启示起码有四条：（1）领导人重要，因为"国"是通过"圣人"去治的，若领导人能以"道莅天下"，则"德可交归"，反之国将不国；（2）治国要用"道"，以"烹小鲜"那样的思想来治，清静致虚，优柔处下；（3）领导治国要宽容、宽宏，实行软领导，而不是苛政管理，是顺乎自然的，而不是强规律而行的；（4）就领导人的修养说要反朴纯真，"抱一为天下式"（第二十二章），遵循纯朴原则作为处理天下事的范式。

国，"德交归焉"，要害在治国者；企业，"德交归焉"，要害在企业领导人。企业领导人若是开明的、体民的、无私的、处下的，企业领导与企业员工相处就会好，"万物将自化"，"天下将自正"（第三十七章）。

"治大国若烹小鲜"，是治国的原则，也是治企业的原则。治企业不外乎两个方面的内容：治事与治人。所谓治事，治理企业的生产与经营；所谓治人，处理好企业内外各种人际关系。治事，围绕企业生产经营活动，通过计划、组织、指挥、协调、控制各方面的工作，自当如"烹小鲜"那样去办,不得胡来。治人,人际关系错综复杂:领导人与被领导人间,技职人员间,作业人员、基本生产工人、辅助生产工人间,企业与其他企业间等等,做好工作,也要本着"烹小鲜"那样的规律办,顺乎自然地去做。因为,"事"总是由人去做的,"事"中有"人",治事问题说到底是治人的问题。为此,企业领导人在管理企业时,务必要做好职工的工作,注意自己的言行,清静致虚,谦诚处下,公生明,廉生威,企业共心,众人共志,把企业办得生机勃勃。

"治大国若烹小鲜",与刑政思想相对立,老子反对刑政,反对用刑罚处理人,用制度卡制人。《老子》第五十八章说:"其政闷闷,其民淳淳;其政察察,其民缺缺。"老子认为,宽厚的政治使人民淳朴、敦厚;政治严格了、苛刻了,人民就会不满,就会狡诈。第五十七章又说:"法令滋彰,盗贼多有。"这是说,法令不能太详察了,否则盗贼就会多起来。

老子上述话可能讲得过火了,但他主张治人宽厚是有道理的。古人说:"吏不畏吾严而畏吾廉,民不服吾能而服吾公。廉则吏不敢慢,公则民不敢欺。公生明,廉生威。"这话告诉我们,治人不一定非严不可,非政不可,强化自身修养,以自己的清与静、公与廉更能治好人,治好事。

企业管理在现实生活中有这样的事例,有的企业领导人不能"虚其心",同僚间搞"其政察察",开领导班子会议时,如同开联合国常任理事国会议一般,持自己有一票否决权而掣肘对方;对下属,对职工,搞"其政察察",事事干预,处处设防,生怕下面出事,使职工积极性受挫,甚至产生逆反心理。

然而,笔者也认为,在管理中必要的"政"还是要的,必要的"法"也是要的,必要的"烹"也是要的。管理总是通过一定的规章、制度、纪律、赏罚去行事的。应该说,这也是一种"道法自然",即属规律性的事,只是说"政"不能过分"察察"了,"法令"不能过分"滋彰"了,治大国烹小鲜"烹"的火候不能过猛了,"烹"的煸与炒不能过分频繁了。

美国学者米勒说过,公司的成功"取决于人的创造力,经理的首要任务就是要创造一个良好的环境,使每一个人都能最大限度地发挥聪明才智"。"创造力往往是一些才智相当的人在进行自由自在、毫无顾虑的思想交流时产生的。"米勒在这里说的"良好环境"、"自由自在、毫无顾虑"的思想交流氛围，也就是老子所说的其政不察察，法令不滋彰，治国烹小鲜的环境与氛围。

"治大国若烹大鲜"，老子也反对仁义，关于这一点，在本篇第一节中讨论《老子》第三十八章内容时讨论过。《老子》第十八章上说的所谓"大道废，有仁义"句，也有言重言过之嫌。"无为"是老子提倡的，"仁义"是孔子提倡的。老学是一种学，孔学也是一种学，各自有各自存在的理由与价值。"大道氾兮"，是老子的一种境界追求，在老子时代它没有全部存在，在老子以后也不可能全部实现。"道"是不能全部排斥"仁"与"义"的。

在现代企业管理中，主张"道法自然"，注意"无为"，但也不能废弃仁义。治人，要讲仁，仁者爱人；要讲义，不虚伪；要讲信，不骗诳；要讲礼，以礼待人。现在的问题是，不是要不要仁、义、礼那些东西，而是要赋予它们科学的内涵，明确其正确的内容。经过筛选，凡合乎社会需要的保留之，反之扬弃它。

四　功成事遂我自然

美国哈林·克里夫兰著的《未来的行政首脑》一书的中文本扉页上，写着《老子》第十七章中的话："功成事遂，百姓皆谓：'我自然'。"克里夫兰把这句古汉语解释成："好的领导者说话不多，当他的工作做好任务完成时，所有的人便说：'这是我们自己干的。'"他把这个释文也写在中文本的扉页上。

克里夫兰的这句释词大致是对的。读第十七章全文就会看得更明白，"功成事遂"的主体是领导者，是从领导学角度说这句话的。第十七章中这么说：

大上，不知有之；其次，亲而誉之；其次，畏之；其次，侮之。信而不足，有不信焉。悠兮其贵言。功成事遂，百姓皆谓："我自然"。

译成现代汉语是说：最好的统治者，人们不知道有其存在；其次的统治者，人们亲近他、赞扬他；更次的统治者，人们畏惧他；最差的统治者，人们轻蔑他。统治者诚信不足，才有人们不信任他的事情发生。最好的统治者总是如此悠然，很少发号施令，事情办成了，百姓却会感到："我们本来就是这样的。"

这句话讲的是领导者"道法自然"的事。最好的统治者所以成功在于他"道法自然"；最差的统治者人们"侮之"，因为他有悖"道法自然"。领导人悠然了事反而成，领导人洞若观火，却遭失败。

日本松下幸之助在《实践经营哲学》一书中讲过这样一段话，领导者应树立"正确的管理思想，并不单指经营者个人对事业的主观见解，而是根据自然道理及社会法则所产生的正确观念"。他又说："究竟自然道理、社会法则是什么？这是一项非常宏大而深厚的学问，甚至也可以说是人类智慧所难以理解的道理。我们姑且称其可能适应宇宙无限生成发展是它最基本的条件。大自然及宇宙是无限的过去到无限的将来连续不断生成发展所进化而来的。"松下先生所讲的似乎是老子所讲的道理，即"人法地，地法天，天法道，道法自然"（第二十五章）的道理，"天地相合，以降甘露，民莫之令而日均"（第三十二章）的道理。天地相合降下甘露，人们不需上面指使却能生活得很好，关键是顺应自然。

功成事遂，百姓皆谓："我自然"具有恢宏的领导哲理内涵：（1）"太上"是"无为"的，"无为"到百姓"不知有之"；（2）"太上"是"有为"的，"事成功遂"中有"太上"的贡献；（3）是"无为"、"有为"的统一，"太上""悠兮其贵言"，让出权力交给百姓，让百姓感到这"功成事遂我自然"。这个"道法自然"的理论，是"君道无为，臣道有为"的理论。

企业领导人如何执掌好决策权的问题，是企业管理工作最为重要的一个问题。领导权威是搞好现代企业管理、组织大生产的客观要求，为此领导人要集权；但是现代企业管理也需要调动下属的积极性、职工的积极性，为此要分权。也就是说，企业领导人要处理好集权与分权的关系。

企业领导人"权"的有无分割，是每个企业都会碰到的事，这可从两方面进行讨论。从企业整体来说，权总是纵分层次、横分部门的。纵分层次，即把管理分成高层管理、中层管理、基层管理；横分部门，即把管理分成生产、供应、销售、人事、财务等职能单位。这纵分层次、横分部门，都有一个"权"的分割问题。从高层管理者来说，就要善于处理好与中层、基层以及一般职工的"为"与"无为"关系。视情况，恰当地化"为"为"无为"，让下属"为"，通过"君道无为，臣道有为"，把企业管理工作搞好。

"君道无为，臣道有为"，有其科学性。我们常说，企业要有自主经营、自负盈亏之权，这里就有一个企业主管部门与企业间各种权力的分割问题。要企业自负盈亏，必然要求企业主管部门放权或还权给企业，让企业能够自主经营。企业主管部门若把应该给企业的权揽在手里，企业就会失去生机。主管部门"无为"了，放权或还权给企业，给企业以"我自然"的感觉与力量，去达到"功成事遂"的目的。同理，在企业内部，企业领导人也要放权给下属，这是"科学性"问题。

"君道无为，臣道有为"，还有艺术性问题。"道法自然"，不是"道任自然"。权力的分割有科学性的一面，还有艺术性的一面，即要根据企业所处的时空状态、自身条件，科学地、艺术地处理好这"无为"与"有为"的关系。比如"君无为"，"无为"到何种程度。领导人甩手一点也不"为"是不可能的，也不应该。假如真是那样了，便叫失职、渎职。"臣有为"，"有为"哪一些，都要细致审度。

拿决策这个领导权来说，一般地讲，企业管理三个层次是各司其职的。高层管理、中层管理、基层管理分别执掌着经营决策、管理决策、作业决策之权。经营决策，即战略决策，是事关企业总体发展和主要活动的决策，如企业发展方向的抉择，企业产业结构的抉择，企业经营方式的抉择，企业营销面的抉择，以及企业人事、财务抉择等等。一般来说，这些抉择都应该由企业最高层做出。但是对那些大型企业来说，在企业生产经营条件复杂，企业干部、职工素质好等情况下，企业领导人要敢于把一些权限转移，下放给副手、参谋、科室、车间、班组乃至全体职工。

"君道无为，臣道有为"。如前已述，企业领导人也绝不是什么都不为。"为无为"，有些事企业领导人是非为不可的。但是，即使在这种"为"中，本着"百姓皆谓：'我自然'"的思想，仍然要注意"无为"，就是充分地让下属、让职工就决策问题发表意见，在征集意见中放手"无为"，使领导人做出的决策，建立在广泛的发扬民主的基础上。

企业领导人实行"为无为"是一种修养，要敢于冲破传统思想或其他禁锢。比如1991年，我国不少企业纷纷为追求企业升级而努力，但上海第二毛纺织厂却反其道而行之，不图虚名，反璞归真，求无为，求自然，不粉饰，"我还是我"，扎扎实实搞生产，搞经营，求市场承认，求效益提高。

现实生活中，我们有些企业领导人不仅没有"无为"、"让权"，反而"为"了本该属下属"为"的事。厂长干了科长活，厂长揽了科长的权，这样的企业是办不好的。美国通用汽车公司创始人、经理威廉·杜兰特在创业成功后，用强烈的个人专权色彩治理公司，把公司弄得处在岌岌垂危之中，斯隆接管了这家公司后，一反杜兰特的做法，实行分权制，把公司的一部分权力分授给下属，但把有些大权仍揽在自己手里，通过协调做到集权与分权的和谐，使通用汽车公司又兴隆了起来。

假如说斯隆的行为是无意识地实践了老子的"无为"观念的话，那么，美国贝尔实验室的成功，却是比较自觉地运用了老子的"无为而为"思想的结果。贝尔实验室是发明世界第一部电话机、第一部电传机、第一块太阳能电池、第一盘有声唱片，设计第一颗通信卫星的研究机构。要问该实验室为什么会取得这么大的成绩，该实验室负责人陈煜耀博士指着他办公室墙上挂着的一张条幅说："凭这个。"这条幅上面写着四个字："无为而治。"在这四个字下面还附有陈博士写的英文注释："最好的领导者是能帮助人，让人感到不需要。"

他又说："领导人的责任要做到你在领导，又要做到别人并没有意识到你在领导。"这些事例说明，贝尔实验室的领导已达到《老子》第十七章的境界："太上，不知有之。"你在领导、帮助人，却不让人觉得你在领导、帮助他。可以信赖，陈博士所说的是对的，该实验室是实践了老子的"无为而治"的观念而成功的。

"功成事遂我自然"

五 "始制有名"与组织建设

　　上一节，我们议论的是"为无为"思想在领导决策等方面的作用。人们知道，领导、组织与规章制度等是相关联而存在的，组织机构、组织活动是为实现领导目标服务的。搞好领导工作一定要构建好有关的规章制度。讲领导不能不讲组织问题和规章制度问题；反之亦然，讲组织、规章制度也不能不讲领导问题。"为无为"既作用于领导学上，也作用于组织学科和规章制度建设上。

让我们讨论组织学中"为无为"的问题，先从"组织"的概念谈起。

什么是组织？这是一个不易说清楚的问题，大致可作两种解释：组织活动的"组织"，作动词讲，例如把某部分人组织起来，把某项工作组织好。组织机构的"组织"，作名词讲，例如某个组织团体、组织单位等。

组织的定义，作为实体形态的"组织"，它是一种人员的集合，是为了实现某种领导目标、领导行为的组织保证。作为过程形态的"组织"，它是一种工作，是为了实现某种领导目标、领导行为所开展的活动，如把有关人员、资源组织起来。

以上是管理的"过程学派"的组织观。此外，管理的"行为学派"是从行为科学角度研究组织问题的，不仅研究从领导学角度形成的正式组织方面的问题，还研究群众自发形成的非正式组织方面的问题。

从上面对组织学的种种认识看到，组织，不论从管理的"过程学派"的角度去研究，还是从"行为学派"的角度去研究，也不论从其实体形态去认识，还是从其过程形态去认识，组织问题都是人的问题。人的问题是组织学的核心问题，是人集合成为组织，是人在从事多种组织的活动。

老子的"为无为"思想，是为人哲学，是为政哲学，是处世哲学。自然，在研究组织学时，要从《老子》思想中汲取营养。

美国人哈林·克里夫兰著的《未来的行政头脑》一书中，讲了这样一段话："当现代政治家们抱怨政府的庞大机构时，他们难以找到比这位中国圣哲（指老子）所提出的更好的公式，他（指老子）说，管理一个大国就活像煎小鱼，翻动太勤反而将小鱼弄得破碎不堪。"瞧，克里夫兰这位外国学者就把讨论政府机构庞大臃肿的问题同老子思想联系起来了。这机构消肿就是个组织问题。

克里夫兰在讲完上述这段话后又说："有的历史学家认为，老子不是一个单纯的个人，而是一群善于思考的官僚们组成的'委员会'，若卓越的智慧果真来自一个集体，这只能证明横线联系的过程——日本人所谓的'一致同意'；印度尼西亚人所说的'马斯亚瓦拉'；马克思列宁主义称之为

'集体领导'；我们名之曰'合作'——已在一个外表看来似金字塔形的组织内长期存在了。"克里夫兰直接把《老子》思想与委员会（组织）联系起来讨论问题，与组织内的领导合作联系起来讨论问题。

《老子》第三十二章说："始制有名，名亦既有，夫亦将知止，知止可以不殆。"这话是说，侯王治理天下，就要建立管理组织、管理制度。管理组织、管理制度有了，管理的名分也就定了。名分既然定了，分工既然明了，各方面工作就应当有所约束，知道止境，只有这样，管理才没有危险。这"始制有名"句的"始制"，有人把它理解为"万物兴作"解。联系本书前几章的内容，比如二十八章的内容，该章后部分，"朴散则为器，圣人用之，则为官长，故大制不割"，这句话中的"朴散则为器"是说，真朴的"道"分裂成万物，这句话中的"圣人"、"官长"、"大制不割"三个词汇分别作领导人、首长、完美的管理制度是不割裂的解释，这句话，老子是把"道"与领导、管理、制度联系起来了。所以，我们持前一种解，即作管理方面解。

老子这句议及管理问题的文字中，提出了"始制有名"、"知止不殆"的问题，但没有正面详述"始制"的内容，如何"知止"。从《老子》整个思想体系看，其"始制"的建立，"知止"的限度，都要本着"为无为"的原则审度之。

以老子"为无为"思想为尺度，"始制"建立，"知止"限度，在以下几个方面可供参考：

第一，在集权分权问题上，"为无为"、"始制知止"。"侯王"与下属在实行权力分割时"为无为"，"侯王"要"无为"，但也要"为"，理想境界是"悠兮其贵言"，"太上，不知有之"。关于这，在前一节中已详作讨论，这里从略。

第二，在设计组织机构，考虑管理层次和管理幅度时"为无为"、"始制知止"。所谓管理层次，就是指从企业最高层管理到基层职工，在实施领导时，建立的管理层面数。所谓管理幅度，就是指一位领导人管理多少下层的职工人数。管理层次与管理幅度成对应关系，在职工总数不变的情况下，管理层次少，管理幅度就大；反之亦然。影响管理层次和幅度的因素很多，如人员（包括领导人、一般职工等）的素质，企业生产经营的外部环境、内部条件状况。如领导人素质高、能力强，管理幅度可大些。但也不尽然，因为领导人素质高、能力强，就敢于、善于实行分权管理。如斯隆管理的通用汽车公司，实行"事业部制"，把原归总公司管的权分给各事业部。这种做法，就斯隆而言，这个"始制"、"知止"很难说其管理幅度是大了还是小了。现代西方管理学者提出要把常见的金字塔管理组织"压扁"，减少管理层次，领导对下属实行宽松管理，打消一个人统管一切的妄想，不做形劳心倦的独裁者。美国达纳公司经理雷内·麦克逊1969年任职后，将该公司的管理层次从11层减少到5层，总部人员从600多人减到150人，公司情况大变，更有生机了，销售额从10亿美元增到30亿美元。这些思想实际就是属于老子"为无为"、"始制知止"的问题。

第三，处理直线管理、参谋管理关系时"为无为"、"始制知止"。所谓直线管理，是说领导人直接对下属进行管理，集主要权力于己方。所谓参谋管理，是说在不破坏统一指挥、横向协调的前提下，领导人强化参谋部门的作用，让参谋部门直接地处置一些事情。这里，直线管理与参谋管理有一个关系问题，直线人员与参谋人员也有一个关系问题。从企业领导人来说，要"为无为"，要确定出一个正确的"始制知止"来，总的是应根据直线管理的需要、参谋管理的需要，正确地进行权力的有无分割。

第四，在设置"刚性"组织、"柔性"组织关系时"为无为"、"始制知止"。"刚性"组织是指稳定性强的组织；"柔性"组织是指适应形势变化、弹性较大的组织。要搞好管理，自然需要一个有一定稳定度的政策，与之相应地需要一个为这个政策服务的稳定度较高的组织机构。但是，决策总是随形势变化而变化的，作为相应的"始制有名"的组织机构，必然也要作相应的变化。这就告诉我们，设置管理组织，纯"刚"的不好，纯"柔"的也不行，要刚柔相济、刚柔得体。然而，老子是贵柔的，"柔弱胜刚强"，在多变的形势下，似乎老子讲得在理，更应该重视"柔"的方面。

第五，在职能机构设置上"为无为"、"始制知止"。组织机构的设置不能复杂化，设置过多的职能部门，如各种委员会、办公室等，会导致彼此力量抵消，扼杀人们的创造精神，甚至会出现"帕金森效应"：那些冗科、冗室、冗余人员，为自己的"科"、"室""工作"，"恪尽职守"、"勤恳敬业"，实际却常常是无事找事、无事造事，造麻烦事，造复杂事，造纠纷事。这就需要按照老子的"无为"原则，"始制知止"。

第六，在处理正式组织与非正式组织关系问题上"为无为"、"始制知止"。企业组织生产经营活动，自然要依靠有正式编制关系的组织机构去做好工作，以此做到领导上下政通，管理左右协调，以完成任务。但是，在人群中客观上还存在一种非正式组织。说它是非正式的，是指在企业机构设置图中没有它的位置。说它是组织，是指它也如同通常组织一样是人的集合。这种非正式集合，常常是因为或志趣相同，或感情相投等原因自发形成的。这种非正式组织对企业活动肯定是有影响的，或起积极的作用，或起消极的作用。关键是领导人要正确对待这些非正式组织，一要承认它的存在有其合理性的一面、有益性的一面，它能起到正式组织所起不到的作用，如和谐、协调的作用；二要做工作，促使非正式组织的活动纳入到正确的轨道上来；三要善于与他们真诚相处，用老子的思想来说，就是对他们要"致虚"些、"处下"些、"恬淡"些、"无为"些。

第七，在规章制度建设上"为无为"、"始制知止"。治国要如烹小鲜一般，不能全靠察察之政、繁琐之令，应注意顺乎自然。组织企业生产经营活动，当然不能行无规，动无章，规与章也是"以正治国"（老子语）的一种常法，但不能泛了、滥了。老子说"企者不立，跨者不行"（第二十四章），企图依靠繁琐的规章制度来搞好管理，结果就会像踮起脚跟看远物却站不稳，像跨大步走路却走不远一般，得到的是相反的结果。因此，还是要按老子所说的"为无为"的原则去办事，把"为"建立在科学的"无为"基础上，按企业生产经营活动的自身规律去建立规章制度。

七 "善用人者，为之下"

领导学包含三大部分内容：领导、组织、人事。老子"为无为"的思想，不仅作用于领导工作、组织工作，也作用于人事工作上。

美国人艾博奥特在《二十二种新管理工具》一书的序言中引用了《老子》第六十八章中的一句话："善用人者，为之下。是谓不争之德，是谓用人之力。"接着，艾博奥特对此发表了一番议论："这几句话的提出至少已有 2000 年历史，它代表见识不凡的管理者长久以来都在努力，却仍未有人能够趋近这种'道'的境界，从某种意义来看，管理的历史，也就是试图实践这项基本观念的历史。"

这句话的语意是说，善于用人的人，对下谦和，这是一种不与他人相争的德，是善于利用别人之力的力。老子以为，这是符合天道规律的道理（"是谓配天古之极"）。

"善用人者，为之下"，说的是用人的原则问题，说的是领导应持的修养品德问题。关于领导修养问题，本书将在第六章"上善若水"中详作讨论。关于用人，在《老子》一书中还讲了不少其他精辟的话，把它串联在一起，值得注意的有如下五点：

第一，关于"知人"。用人先要知人，知人才能用人。《老子》第三十三章有句名言："知人者智，自知者明。"能知人的叫智，能知己的才算聪明。知人重要，知人要在"自知者明"的基础上，才能去实现其"知人者智"。老子讲自知有两个要点：一是"自知不自见，自爱不自贵"（第七十二章）。有自知之明，但无固执之弊；有自爱之心，但无倨傲之贵。老子提倡"知不知，尚矣"（第七十一章），要永远知道自己的不足，还有不知道的东西。"不知知，病也"（第七十一章），不知却自以为知是病态，要把自己放置在"为之下"的位置。二是"不尚贤，使民不争"（第三章）。"不尚贤"，按河上公《老子·章句》的解释："贤"，世俗之贤；"不尚"，不贵之以禄，不贵之以官。这话的意思是说，不要去标榜功贵利禄的那些

"贤"者。知人要用这个观点去知，用人要用这个观点去用，这样才可以使民不争。

第二，用人的标准是"道"。《老子》第二章说："处'无为'之事，行'不言'之教。"这是老子的人才观。人有"无为"的品德，纵然你不作宣传，也会收到教人育人的效果。据此思想，老子认为，领导人因为得"道"的程度高低不同，所以老百姓对领导人的态度也是不一样的："太上、不知有之；其次，亲而誉之；其次，畏之；其次，侮之。"（第十七章）最好的政治，人民根本意识不到统治者的存在；其次的政治，人民亲近君王、赞扬君王；再次一等的，人民害怕统治者；更次一等的，人民轻侮统治者。

关于用人标准，企业管理自有自己的尺度，比如要讲德才兼备，老子的观点不能完全作凭，但老子揭示的领导人要注意"无为"（顺乎自然）、"致虚"、"处下"的一些道理，还是有借鉴价值的。

第三，关于"善救人"。善救人，这是老子一个很有意义的观点。《老子》第二十七章说："圣人常善救人，故无弃人；常善救物，故无弃物。""善救人"、"善救物"是说，好的领导人用人要善于发现对方的长处、优点，这样世上就没有遭遗弃的废人；用物也同样。老子这个思想十分可贵。首先，它昭示了金无赤金、人无完人的道理，用人不能求全责备，要用其所长、抑其所短，使长处得到充分发挥；其次，它昭示人们，世上没有不可用的人，但却有不会用的人，领导人"致虚"了、"处下"了，人才就会出现在你的眼前；最后，它昭示人们，领导者要尊重人、信任人、帮助人、教育人，发掘人的闪光点，使用其闪光点，发扬其闪光点，做到"善救人"。

"善救人"的思想完全可被现代企业管理所借鉴。美国管理学者德鲁克曾说过，用人的诀窍，不在于减少人的短处，而是如何发掘其长处。此说颇似老子的"善救人"的思想，现实的企业管理中，常能见到这样的事例：领导人不能善用下属和职工，只见其缺点，不见其优点，对其缺点又看得过重，视他们为"刺头"、"包袱"、"废人"，从而导致这些职工产生破碗破摔的心理，甚至出现更为严重的行凶报复等事件。这实在是一种不会"善救人"的悲剧。自然，我们的企业领导人中，也有会"善救人"的，因为能"善救人"，在他那儿，原有些大毛病的人，却成了浪子回头金不换，全体职工心绪舒畅，情绪高涨。

第二章 孔德之容　　63

第四，关于"善结"。"善结"，善于团结，这是借用《老子》第二十七章中的一句话引发出来的一种联想。老子原话说："善结无绳约而不可解。"意思是讲善于捆缚的人，虽不用绳索捆绑，但其被捆绑的物体坚牢程度，却比用绳索捆缚的要结实得多。用人应该有这种"善结"思想，捆绑成不了朋友，谦下相处才能成为真正的朋友。哪怕对你有前嫌的人也要谦下，像老子讲的那样"报怨以德"（第六十三章）。在使用他们时做到"方而不割，廉而不刿，直而不肆，光而不耀"（第五十八章）。是方正的，却不割人；是锐利的，却不伤人；是直率的，但不妄肆；是闪光的，但不耀目。本着"生而不有，为而不恃，长而不宰"（第五十一章）的修养，谦下地做好工作，把群众的积极性调动起来、融和起来。

第五，关于"不言教"。用人要育人。育人，老子主张"不言教"。他说"处'无为'之事，行'不言'之教"（第二章），他还说："万物作而不始，生而不有，为而不恃，功成而不居。夫唯不居，是以不去。"（第二章）上述两句引文，在《老子》第二章中，实际是联着说的，本是一句话。之所以把它分割开来引用，觉得这句完整的话中，有两层意思，前者提出了"不言教"的命题，后者讲了"不言教"的实施与意义。老子用借喻的言辞方式，来讲明如何做到"不言教"。老子认为，生养了万物而不据为己有，推动了万物而不自恃有功，长养了万物而不自以为主宰，领导人用这样的品德对待人与事，所以他的功德业绩将永远辉映人间，达到"不言教"的效果。

顺便说一句，这"行不言之教"句，在《老子》第四十三章中又如此说了一遍；那"生而不有，为而不恃"句，在十章中也能一字不差地读到此话。这足以说明，老子是十分重视"不言教"这个问题的。

《庄子·知北游》中也讲过有关"不言教"的话，他说："夫知者不言，言者不知，故圣人言不言之教。"

这句话中，所谓"知者"、"不知"是就"道"而说的。全句的意思是：懂得"道"的道理的人，不侈谈"道"，而侈谈"道"的人，却不真的懂得"道"，所以圣人主张实行不教导的教导。

行"不言教"，绝不能理解为不施任何形式的其他的"教"，比如"言教"。身教固然重要，通过宣传以传"道"（"言教"）也是十分重要的，问题不在于要不要"言教"，而在于"言教"的内容及如何"言教"。搞企业管理，企业领导人既要施"不言教"，还要施"言教"，做到身教言传的结合。

七 "九层之台起于累土"

做领导工作不能忘却基层工作，做管理工作不能忘却基础工作。

"为大于其细"是《老子》第六十三章上说的。"图难于其易，为大于其细；天下难事，必作于易，天下大事，必作于细。"这段文字并不难涩，就是说，处理困难的事情要从处理容易的事入手，实现远大的目标，要从做好细微的工作起步。

在今天，随着现代社会分工越来越细和专业化程度越来越高，一个要求精细化管理的时代已经到来，而老子的这一哲学理念再一次给企业管理工作提供了有益借鉴。综观中外许多企业的成功之道，其之所以能有杰出的成就，往往是管理层始终把细节的竞争贯穿于整个生产经营的始终：细节的竞争既是成本的竞争、工艺创新的竞争，也是各个环节协调能力的竞争；从另一个层面上说，也就是人才的竞争。

在当今激烈的市场竞争中，怎样才能使企业始终立于不败之地呢？可以说答案就是：细节决定企业竞争的成败。这主要有两个原因：其一，对于战略面、大方向，角逐者大都已经非常清楚，很难在这些因素上赢得明显优势；其二，现在很多经营领域已经进入微利时代，大量财力、人力的投入，往往只是为了赢得几个百分点的利润，而某一个细节的忽略却足以让有限的利润化为乌有。中国有句名言，"细微之处见精神"。细节，微小而细致，在市场竞争中，它从来不会叱咤风云，也不像疯狂促销策略，立竿见影地使销量飘升，但细节的竞争，却如春风化雨润无声，一点一滴的关爱、一丝一毫的服务，都将铸就用户对品牌的信念，这就是细节的美、细节的魅力。

与《老子》有血缘关系的《周易》，其中一些思想也给了我们这方面的启迪。《周易》有两大部分内容组成，即本文部分与解说部分。本文部分称作"经"，解说部分称作"传"。本文部分的"经"，是由 64 个用象征符号表示的"卦"组合而成的，

"卦"有卦象，附有"卦辞"、"爻辞"。"卦"是由六个一组的"—"符号与"—"符号的卦爻组成的。"－－"符号称"阳爻"、"刚爻"；"－－"符号称"阴爻"、"柔爻"。

古有八卦为经卦，两卦相重为六十四卦，称为别卦。两卦相重而卦象成，卦象，物之象，象有"群"义，它对物对事不只是含有重复或两种意义，而且包含多种意义和多种事物。《周易》原文里，对六十四卦都有解释，它的内容由两部分组成：一部分叫"卦辞"，专门讨论卦的意思。例如，"火水未济"卦的卦辞就是："未济。亨。小狐汔济。濡其尾。无攸利。"汔，意思是几乎。濡是沾湿的意思。整句意思是，未济即是未完成，如果能行之有方，最终都能成功。辞中以小狐狸作比喻，小狐狸过河，虽然勇敢，不过缺乏经验，故而沾湿了尾巴，还未能到达彼岸。可是当小狐狸有了周详的计划与经验，就会成功。另一部分叫"爻辞"，爻辞其实是由孔子进行注解的"易传"，是孔子对六十四卦每一卦中每一个爻的专门讨论与解释。当我们求得变卦后，可以参考该爻辞来辅助分析卦象。例如，"火水未济"卦，求得第六爻为"变爻"，一方面可以参考由"火水未济"变为"雷水解"的卦辞，同时亦可以参考"火水未济"卦中第六爻的爻辞，这个爻辞是这样写的："贞吉。无悔。君子之光。有孚。吉。"意思是：占卜是吉利的，没有使人后悔的事物，由于有诚信，一如君子的作风，结果是吉利的。

上面讲的是易学最基本的一些知识，在这里十分简略地又不厌篇幅地讲"卦"及"卦"的构成，是想借"易"说"道"，讨论管理的基础工作。初爻顺次向上叠加到顶端成上爻，最终成为完整的卦，完全符合老子的"为

大于其细"的思想。"为大于其细"，"积爻成为卦"，符合事物形成发展的规律，也是搞好企业管理的准则，抓企业管理工作要从基础工作抓起。

"初"，起初；"础"，基础。"初"、"础"音是相同的，义基本也是相同的。抓事抓起初，盖房打基础。"初"、"础"的重要性，在《老子》六十四章中讲得十分清楚："合抱之木，生于毫末；九层之台，起于累土；千里之行，始于足下。"这段话，实际是第六十三章"图难于其易，为大于其细"句的继续解释与发展。

《老子》第六十四章上所述的那段话，三个借喻分别喻说了三个方面的道理："合抱之木，生于毫末"，喻说了"育才（材）"的理；"九层之台，起于累土"，喻说了"兴业"的理；"千里之行，始于足下"，喻说了"励志"的理。

第一，关于育才（材）。合抱之木，生于毫末。毫末纤纤，育成栋梁之材。企业需要一支高素质的队伍，一支有理想、有道德、有文化、守纪律的职工队伍。毫末成长为大材，需要对毫末及其成长进行护理，进行修枝，土干了，需要浇水，土贫瘠了，需要施肥。育人亦同样如此，也需要做培土、浇水、施肥、修枝等类似的工作。这一般是通过职工教育去完成的。职工教育是企业管理的一项基础工作。给职工以两方面的教育：提高职工的思想品德觉悟；提高职工文化技术素养。自然，还有另一项内容的培育，那就是提高职工的身体素质。

第二，关于兴业。兴业，兴企业的事业。九尺之台，起于累土。积一筐一筐泥土，垒百丈千仞高楼。兴企业，要"累"三方面"泥土"：一是做好企业生产关系方面的"累土"工作；二是做好企业生产力方面的"累土"工作；三是做好企业上层建筑方面的"累土"工作。

生产关系方面的"累土"，指企业内部人与人关系要调整好。企业领导层间的关系，干部、一般职工间的关系，技术人员、管理人员间的关系，工人与工人间的关系等应该是和谐的。其中领导层间关系和谐尤为重要。假如领导人之间相互足下使绊子，这个企业是一定搞不好的。为此需要有一个合适的领导制度，建立一个好的领导班子，还要尽力调动各方面人员的积极性，创造条件，让职工享受主人翁权利，从思想上、组织上建立相应的制度，比如职工代表大会制度、利益分配制度、奖惩制度。上述建立领导制度、职工代表大会制度（实际也是领导制度的一个内容）等，就属于"累土"的工作，属管理的基础工作。

生产力组织方面的"累土"，属于这方面的"累土"很多。组织生产需要定额，没有定额，生产活动就无法进行，定额是"累土"；组织生产需要有一套标准化的操作等规范，要有统一的计量工具与方法，以此做到"车同轨、书同文"，没有这些标准与规范，企业生产活动就会乱套，那标准化、那计量工作就是"累土"；组织生产需要有一定的数据、情报、信息，数据不全、情况不明、信息不准，领导就不能做出正确的决策，生产经营活动就无法开展，这信息工作也是"累土"。这些"累土"的工作是组织生产经营必不可少的、经常性的、前提性的、规范性的、科学性很强的，必须搞好。

需要着重讲讲班组建设这项"累土"工作。它既同生产关系和谐有关，又同生产力组织有关。"图难于其易，为大于其细"，这个"累土"有它的特殊意义。班组是企业中最基本的组织。企业中的任何人，不管是领导人，还是一般职工群众，在我国都要分别生活在各个班组里，成为班组中的一个成员。领导人是否"为之下"都要在这里得到检验。我们强调的"民"，是"域中四大"之一"大"，"民"的价值直接要在班组这个"域"中体现与发扬。我们说，企业要搞好人际关系，班组中人际关系搞好了，就为搞好企业大的人际关系积聚了"累土"；又因为班组是企业组织生产经营活动的最基本单位，企业各项活动的组织，最终都要落实到这里，上面列数的定额工作、标准化工作、计量工作、信息工作等的"累土"，都要最终在这里得到贯彻、实施和执行。这班组工作搞不好，组中的人做这些工作就没有积极性，或不具备素质，这些"土"累得再好、再科学，也只是一纸空文而已。班组建设这个工作是企业管理中最应受到重视的"累土"。

上层建筑方面的"累土"。其实，上面讨论生产关系、生产力方面的"累土"问题时，提到的某些规章制度的建设，因为它们是一种反映，是在反映生产关系、经济基础、生产力需要上形成的，所以，它们也可以被列入到上层建筑的"累土"中去。不过，这里要突出说的是树立价值观这个"累土"问题。正确的价值观是企业的灵魂，是凝聚职工意志的融合剂，企业务必在这个"累土"建设上做出努力。

第三，关于励志。千里之行，始于足下。人总是要有一点远大理想的，但必须积跬步才能达到。《庄子·则阴》说："丘山积卑而为高，江河合水而为大。"《庄子·逍遥游》又说："且夫水之积也不厚，则其负大舟也无力；风之积也不厚，则其负大翼也无力。"庄子这话讲得很好，积水不深，如何浮载大船；风力不骤，如何托起大鹏翅膀。老庄的话，启迪我们立志、励志，树"图难"的决心，立"为大"意志，荷"丘山积卑"的心胸，走"始于足下"的路程，不断进取。

讨论了老子的"图难于其易，为大于其细"的思想，忽然想到一个问题，这里，老子的功利思想是突出的，这"图难"，这"为大"，这"合抱之木"，这"九尺之台"，这"千里之行"都是功利的追求。有人说，《老子》是消极哲学，"无为"便是倒退观，看来确实不完全对。

上图亦作《三教论道图》，原载《历代名笔集胜册》第四册（见《虚斋名画录》）。签题刘松年作。按《图绘宝鉴》：刘松年为淳熙（1174—1198）画院学生。绍熙年（1190—1194）待诏。师张敦礼。工画人物山水，神气精妙，名过于师。宁宗朝（1195—1234）进耕织图称旨，赐金带。宋画人作三教图者甚多。此图作风比较弱，当非出刘松年之笔，故改题无名氏作。

第三章

以柔克刚

天下之至柔，驰骋天下之至坚。无有入无间，吾是以知无为之有益。不言之教，无为之益，天下希及之。

——《老子》第四十三章

柔弱胜刚强

一 老、孙兵论与管理谋略

本篇联系《老子》讨论管理谋略。谋略是兵学第一要义，让我们从讨论《老子》与兵学的关系开始。

有人称《老子》为兵书。《随书·经籍志》中，其兵书著述目录中就有《老子兵类》一卷。[①] 唐代王真说，《老子》"五千之言……未尝有一章不属意于兵也"。[②] 宋代苏辙说，老子"……此几于用智也，与管仲孙武何异"。[③] 明清之际的王夫之说，老子"言兵者师之"，并说老子是"持机械变诈以徼幸之祖也"。[④]

《随书》、王真、苏辙、王夫之等称《老子》为兵书不是没有一点道理。因为《老子》中确实有不少章是讲"兵"的内容。但是，有人说"五千之言，未尝一章不属意于兵也"，则有些言过其实了，该书是一本论"道"的哲理书；有人说老子是"持机械变诈以徼幸之祖也"，此言则过重了，不能给这位善良老人胡乱戴上这顶吓人的帽子；有人说老子"此几于用智也，与管仲孙武何异"，此话公道，老子是智慧的化身，《老子》是智慧的结晶，老聃、管仲、孙武智齐名，《老子》、《管子》、《孙子》书亦齐名。

说《老子》是兵书是有争议的，如焦竑在其《澹园集》卷四《老子翼序》中就认为："老子非言兵也。"魏源也说："以《老子》为谈兵之书，其失甚矣。"当代学者杨丙安认为："老子意在言'道'，非在言'兵'，其于'兵'虽有所言，亦意在喻'道'。"也就是说，《老子》内容是议论"道"，其中讲"兵"，但非兵书。

《老子》中确实讲了不少有关"兵"的内容，直接用"兵"、"战"字样的就有十几个章次，如第六十八章、第六十九章。还有不少章文中虽未见"兵"字，却讲了不少与"兵"相关的话，如第三十六章。《老子》谈兵，很多处讲得十分深刻，如"不以兵强天下"（第三十章）。有的很有独特见解，如"兵者，不祥之器"（第三十一章）。有的十分精辟，如"夫唯不争，故天下莫能与之争"（第二十二章），"柔弱胜刚强"（第三十六章），"将欲歙之，必固张之；将欲弱之，必固强之"（第三十六章）等。上述惊世骇论，被后世学者所承袭，有些作为箴言警句被后人广为应用。于是，有人就说《老子》是部兵书，或说是半部兵书，或说部分是兵书。但实际上，《老

---

① 《随书》卷 34《经籍志三》。
② ［唐］王真：《道德真经论兵要义述》。
③ ［宋］苏辙：《老子解》卷 2。
④ 《宋论·神宗》。

子》基调讲"道",不是讲"兵",主要是一本论"道"的书,不是论"兵"的书。但内含讲"兵"的内容,有的还讲得十分精辟深刻,其精辟深刻到给人的印象《老子》似乎是兵书。基于此,在研究《老子》"道"的哲学中,研究一下组成老子思想体系的一个重要组成部分——"兵",是大有好处的,这不仅对进一步认识老子的"道"论有意义,对认识老子的"兵"论也有意义。而且,"道"与管理有关,"兵"与管理也有关,为了更好地研究管理学,特别是研究管理的谋略学,认真深入地探讨一下《老子》中"兵"的思想,也是极为重要的。

首先,老子、孙子用智有异,就异处而言,诚如苏辙所说,老、孙都是智者,但在讲"兵"问题上,从总体上说,老子不如孙子。尽管老子有些观点讲得非常好,例如,老子说,"天下有道,却走马以粪。天下无道,戎马生于郊。祸莫大于不知足;咎莫大于欲得。故知足之足,常足矣"(第四十六章)。这话是说,天下政治正常合理,(没有战争)战马就会退还给老百姓去耕田种地。天下政治秩序混乱、不合理,(战争频繁)连怀胎的母马也被用来作战,以至在战场上产仔。没有比不知足更大的祸患了,没有比贪得无厌更大的罪过了。所以,知道满足这样的满足,就会永远满足。《老子》这段关于"兵"的本质的议论,带有釜底抽薪的意味,他希望把主观上的知足作为一种根本性的消解矛盾的方法。在他的描述中,由于连年战争,马匹征用太多,战场上公马不够用,就把怀孕的母马也用上了,以致母马在战场上产仔。面对春秋各诸侯国之间以及诸侯国各贵族领主集团之间频繁的兼并战争,老子从人道的立场出发,关注的是战争给人民带来的痛苦和灾难,呼吁人本精神。在此,老子一针见血地指出,战争的根源乃是封建统治者的不知足、贪得无厌,从而认为这种贪欲、不满足的心理是世界上最可怕的事情、最大的祸根。再如老子说:"以道佐人主者,不以兵强天下。其事好还。师之所处,荆棘生焉。大军之后,必有凶年。善有果而已,不敢以取强。"(第三十章)老子提倡要用"道"去辅佐君主,不要依仗兵力逞强于天下。使用武力这种事,是必定有报应的。军队所到之处,民生凋敝,田地荒芜,荆棘丛生。大战过后,必定是灾荒年。善于用兵打仗的人,只求达到救济危难的目的就是了,不敢用兵力来逞强于天下。老子这种观点,《孙子》中也不见。但是,《老子》毕竟不是一本专门论兵的书,而孙子议论兵却是专门化了，《孙子》13 篇近 6 000 字，篇篇、句句、字字都讲兵，讲文治，说武备，讲战略，说战术，博大精深，观点精辟，结构严谨，论述有力。

就同处而言，从战略、战术分析，相同处主要有五，即崇道思想、全胜思想、贵柔思想、奇胜思想、予取思想。需要说明的是，所谓同处是相对的，因为，老子讲"兵"主要是为了讲"道"，孙子没有这个问题，所以两者虽然讲一个概念，其基点却是不一样的。老子认为战争是不吉利的东西，大家都厌恶它，所以有"道"的人是不去接近它的。他还以左右的方位来描述战争的凶相。君子平时以左边为尊贵，打仗时以右边为尊贵。战争是不吉利的东西，不是君子所使用的东西。万不得已而使用它，最好是淡然处之。胜利了也不要得意洋洋、自以为了不起，如果洋洋得意、自以为了不起，就是以杀人为快乐。以杀人为快乐的人，就不能在天下取得成功。吉庆的事以左边为上，凶丧的事以右边为上。偏将军站在左边，上将军站在右边，这就是说出兵打仗用丧礼的仪式来处理，战争杀伤众多，带着哀痛的心情去参加，打了胜仗要用丧礼的仪式去处理。可以看出，老子并非一个完全愤世嫉俗、脱离现实的理想主义者，他对现实、政治的深切关注，使他不能对战争进行全盘否定，只得以"不得已而用之"进行自我安慰，从而提出以"恬淡为上"、"胜而不美"、"以丧礼处之"等折中办法，以解决人性与政治的矛盾和冲突。恬淡是淡然、安静的意思，老子用来代表有道的人在发动或进行"不得已"的战争时所应当表现出的迫不得已、并不喜欢战争的无可奈何心态，这种心态与尚武、好战者在战争中兴奋、激昂的精神状态是迥乎不同的。自以为了不起，以杀人为快乐，是老子对尚武者心理状态的精妙概括。

在崇"道"思想上的"同"。《孙子》首篇开头就议"道"，提出决定"兵者，国之大事"的关键因素有五，即所谓"经五事"：道、天、地、将、法。"道"处于"一曰"的位置上，孙子唯恐此说分量不够，又用"校之以计"的名义，把"道"的因素，放置"七计"的首端重申。这"七计"是："主孰有道？将孰有能？天地孰得？法令孰行？兵众孰强？士卒孰练？赏罚孰明？"老子也议论"道"。自然，老子讲的"道"与孙子讲的"道"是很不一样的。前者说的"道"是处于天地、存于宇宙、落在人间虚体意义上说的"道"，是哲学高度上的"道"；后者说的"道"，则是从政治角度、实体的意义上，即有具体所指去说的。然而，老子讲的"道"，某些地方也是从政治角度说的，比如，第四十六章中的"天下有道，却走马以粪"中的"道"；第三十章中的"以道佐人主者"中的"道"，就含有政治成分。

在"全胜"思想上的"同"。"全胜"思想在《孙子》中表露得很充分，如《孙子·谋攻篇》中说，"必以全争天下"，"不战而屈人之兵，善之善者也"，"兵不顿而利可全"等。《老子》中没有明确地用"全"那样的概念，但有类似"全胜"那样的思想，如第七十三章说，"不争而善胜"。不争而善于取胜是老子的一个重要思想。事物的必然性，不会因你的勇而改变，它只要求你去适应它。所以，非道而行之，虽劳不至。不顾客观实际的蛮干妄为，乃是自寻死路。而敢于面对现实，积极热情地肯定事物的必然性，保持宁静泰然的态度，行为遵循其规律而不敢妄意自专者，则将生发。这两种勇的结果，有的受益，有的受害。所以，真正的智者，从不对尚不理解的问题凭主观意愿蛮干妄为。此外，《老子》中还有"不战"、"不武"那样的词，其用意也是为了"为"，也是为"不争而善胜"。

树胶大王李光前可能很早就体会到"不争"的真谛，并加以应用。他1927年开始创办南益树胶公司时，树胶市场的竞争很激烈。很多胶商为了扩大产业，显示实力雄厚，就把大量资金都用来购置胶园、胶厂和烟房。李光前采取了与众不同的方式，没有把资金用来购买胶园、胶厂和烟房。他的烟房除了在麻坡武吉巴西的旧烟房外，是租用林义顺的通益胶厂；树胶则向小园主买。由于他采取现金交易的方式，小园主都愿意把胶丝卖给南益公司。因为他们除了出售胶丝时可以一手交货一手拿到现款以外，在急需资金时还可以向公司预借。因此，南益公司没有货源中断和短缺之虞，弥补了自己没有胶园的短处。1929年，世界性经济危机暴发，胶价暴跌。很多胶商由于把大量资金用来购买胶园、胶厂和烟房，资金周转不灵，从而倒闭。李光前由于采取"不争"的原则，不与那些胶商争买胶园、胶厂和烟房，虽然其时利润较低，但流动资金充裕，可以随时调动，因而即使在1930年胶价降至每磅一角五分的最低价时，也现金充裕，周转灵活，没有受到银行追债之苦，损失最为轻微。于是，南益公司顺利地渡过难关，至1934年经济复苏之时开始迅速发展。李光前也逐渐在树胶界崭露头角，最后成为新树胶大王。他真正由起初的"不争"而取得了"善胜"的效果。①

在"柔胜"思想上的"同"。两位智者都有此见解，但老子提得更鲜明，如著名的"柔弱胜刚强"的观点，就是老子提出来的，其命题具有普遍性。《孙子》没有如此鲜明的提法，但他强调"计"、"谋"，用"计"取胜，用"上兵伐谋"取胜，是从"兵"的角度说的，这实质就是提倡柔胜。《孙子·势篇》中有句"弱生于强"的话，也就是说，示敌弱小，在于战前有强大的兵力为基础。示敌弱小以取胜，这也是以计取胜、以谋取胜的问题，实际上这也是一种"柔胜"。

在"奇胜"思想上的同。《老子》第五十七章说"以奇用兵"，"奇"在帛书本作"畸"，很形象地描述了出奇诡秘的计谋。《孙子·势篇》说"奇正相生"。《孙子·计篇》说"攻其无备，出其不意"。两位智者所说皆有相通处。但是，孙子讲的奇要比老子讲得广泛，用奇的思想几乎遍及《孙子》全书；讲得深刻，如说"奇正之变，不可胜穷"；讲得很坦陈，提出了用奇诡道十二法。

在"予取"思想上的"同"。《孙子·势篇》中有一句话是讲予取问题的，他说："予之，敌必取之。"这是说，给敌人若干"予"，诱敌人"取"，最终使我获得"大取"。这个思想同于老子的话。《老子》第三十六章说："将欲夺之，必固与之。"将要收拢的，必定先扩张；将要削弱的，必定先强盛；将要废弃的，必定先兴起；将要夺取的，必定先给予。老子认为，事物总是处于不断对立转化的状态中，当事物发展到某一个极限的时候，它必然会向相反的方向转化，譬如月圆的时候，便意味着月亏，月亮圆满便是月亮亏缺的征兆；人们常说的"冬天来了，春天还会远吗"，也是这个道理，冬天就是春天的征兆。不过，《老子》第三十六章中的话，是从广泛意义上说的，而孙子的那段予之、取之的话，却只就"兵"而论的。

现代人有语"商争犹如战争，市场犹如战场"，笔者不惜用较多笔墨来议论老、孙兵论的异同，这是为了提供一个铺垫，供对比孙子兵论，有效地讨论老子兵论与管理谋略的关系用。

---

① 李天锡：《李光前企业管理方式与＜老子＞学说》，载《宜宾学院学报》，2003（6）。

二　"柔" 论与权谋艺术

　　"柔"是《老子》中的一个重要概念。《老子》一书中多次谈"柔"，如"专气致柔"（第十章），"柔弱胜刚强"（第三十六章），"天下之至柔，驰骋天下之至坚"（第四十三章），"守柔曰强"（第五十二章），"骨弱筋柔而握固"（第五十五章），"柔弱者生之徒"（第七十六章），"天下莫柔弱于水，而攻坚强者莫之能胜"（第七十八章）等。

　　《老子》第三十七章中有一句话："'道'常无为而无不为。"这里可能有人会问："为无为"思想是否是权术思想？应该承认，"为无为"思想是含有权术倾向的。"张"为了"歙"；"无为"为了"为"。问题是如何看待权术问题。"为无为"，王夫之据此称老子是"机械变诈以徼幸之祖"，把老子看成世上玩弄阴险奸诈的祖师爷。这种说法则欠公允。

　　第一，假如把"权术"理解为用权艺术，它是普遍存在的，为政有为政的艺术，治众有治众的艺术；谋略有谋略的艺术等。只是有的人明着用，有的人暗着用；有的人有意识地用，有的人无意识地用；有的正着用，有的歪着用；有的用对了，对社会发展有利，人们接受了它，有的倒行逆施，成为事物的反动，历史的反动，人们便反对它。所以，问题不在于有没有权术问题，而在于用得正与谬的问题，进步与反动的问题，艺术高下的问题。

　　当然，"权术"在中国辞义学中是个贬义词，不少人总把它与阴谋诡计联系起来看。但这里的"权术"是中性词，是"用权艺术"，或是"谋略艺术"，如有人称老子的"为无为"这个统治术为"君子南面之术"一般。

　　第二，对比老子与吕尚以判断是非。现在，暂且把"权术"认同为一种不正常行为。历史上确实存在耍阴谋权术的人，如吕不韦、袁世凯等人。但也有虽然用了"权术"，却被人称道的，如春秋末期的吕尚。吕尚辅佐周文王击败殷商，是用了权术的，"吕尚阴谋修德以倾商政"。孙子还把吕尚视为周的间谍呢："周之兴也，吕牙在殷。"他还有一套"权术"理论："鸷鸟将击，卑飞敛翼；猛兽将捕，兔首偏伏；圣人将动，心有愚色。"比喻欲擒故纵，伺机而后发。这样的谋略思想，在他及其后人所写的《六韬》书中还有很多。对比吕尚"鸷鸟将进，卑飞敛翼（凶猛的鸟要进击猎物，故意装出卑下的样子，羽翼也收敛起来）"的话与老子说的"将欲歙之，必固张之"的话，二者语意不仅是相同的，且遣词也基本相同。据此，为何称老子是搞阴谋的祖师爷，而不责备吕尚，甚至称吕尚为圣人呢？这不是一种不公吗？

第三，对比老子与孙子以判断是非。清代魏源在《孙子集注序》中说："'天下莫弱之于水，故敌坚强莫之能先'，吾于斯见兵之形。孙武其言通之书乎。'百战百胜非善之善者也，不战而屈人之兵善之善者也。''故善用兵者，无智名，无勇功，吾于斯见兵之精。'"魏源这段话的前半部分中的引语，即"天下莫弱于水……"是《老子》第七十八章上的话，后半部分的引语，即"百战百胜……"句及"故善用兵者……"句分别是《孙子》中《谋攻篇》、《形篇》中的话，魏源是把老子的话与孙子的话对比着说的。

在魏源看来，"天下莫柔弱于水"是"兵之形"，"不战而屈人之兵"是"兵之精"。在这里，魏源把老子的"柔"论与孙子的"谋"论联系起来了，"柔"中内含"谋"，"谋"中蕴有"柔"，老子、孙子都讲了谋略问题。

孙子尚谋，世人公认，孙子也讲"因利而制权"，这在《孙子·计篇》中可以读到，孙子还讲"兵者，诡道也"，"兵以诈立"。应该说孙子是最提倡、最会用"权术"的人，但人们并没有因为他讲"权"、讲"谋"而贬斥他、蔽弃他，相反《汉书·艺文志》还封他是"兵权谋家"。假如说，孙子说的是"兵"，"兵者，国之大事"，是"立尸之地"，讲诡、讲诈、讲权谋是正常的事，是值得倡导的事，那么，《老子》中不是也讲了很多"兵"吗？老子讲了些"为无为"那样的话，讲了些"歙之、张之"的话，就要向他挥鞭舞棒，戴上"变诈之祖"的帽子，岂不冤哉。

老子之所以被一些人贬称为权术家，而吕尚、孙子则否，只能有两种解释：（1）权术问题本来是普遍存在的，但人们羞于明着谈论此事，而老子在他的著作里却谈出来了，而且谈得又如此精辟、如此形象，比如"将欲歙之，必固张之"等，把这层窗户纸捅破了。（2）把权术思想理论化了，而且又"理论"得如此深刻，既之于哲理，比如"为无为"。假如上述两点揭示能成立的话，那么，不仅不能亵渎老子，而且还要表彰老子，因为他立了功，是他大胆地把人们不敢谈的思想明之于世，并形成理论。

总之，《老子》中确有"用权艺术"，或称"权谋艺术"，或称"谋略艺术"的思想，不必躲躲闪闪。在实际生活中必须善于学习、使用这些"艺术"。处事要讲处事艺术，待人要讲待人艺术，接物要讲接物艺术。所谓善于学习运用，就是要用得得当，用得合理，用得科学，用得道义。不得非法，不得非理，不得非义，不得非分。

三　"柔弱胜刚强"与"全胜"

"柔弱胜刚强"具有普遍性。老子常用借喻的手法来阐明他的一些观点。"柔弱胜刚强"，老子也用借喻的方式来说这个理。

以水的自然现象喻理。老子说："天下莫柔弱于水，而攻坚强者莫之能胜。"（第七十八章）世界上的事物没有比水更柔弱的，但是攻击坚硬的东西，没有什么能胜过水的，这是因为没有任何东西能够代替水。水是软的、韧的，石是硬的，刀是锐的。水滴可以穿石。刀不能断水，但水却能锈化刀。洪水泛滥时那淹没田舍、冲毁堤梁的势头，更是任何坚强的东西都难以阻拦的。柔能克刚，可以说是自然界的一条法理。老子由水的现象推而广之，认为柔弱、谦下这类品质，表面看好像处于被动和劣势，实际上却占主动、处于优势。因此，做国君的也应当像水这样，保持谦下、柔弱，承担一切屈辱和灾难，好像地位最低下，实际上却可以牢固地保持统治地位。

以人的躯体现象、草木的躯体现象为例喻理。《老子》第七十六章说："人之生也柔弱，其死也坚强。草木之生也柔脆，其死也枯槁。故坚强者死之徒，柔弱者生之徒。"徒，指同一种类、派别的东西。这是老子总结出的一条规律。他通过对现象世界的观察，认识到生存着的东西都是处于柔弱状态，如活人的身体、草木生长时的枝条；而死亡的东西都呈坚硬状态，如死人的躯体、干枯的草木等。这是从事物生存发展的内在状况来说明的。在老子看来，活着的人躯体柔软自然，死去了却成僵硬；草木生长时质地是脆柔的，死去了却变成枯草枯木。老子认为，坚硬的东西属于死亡一类，柔弱的东西属于有生命一类。"兵强则灭，木强则折"，树木强大了就会遭到砍伐。这是老子从事物外在的表现来进行阐发的。坚强的东西之所以容易遭受死亡，是因为它显露突出，故当外力冲击时，便首当其冲了。正如高大的树木容易遭受砍伐，人的才能过于外露，也容易遭到忌妒与拾击。老子从自然的灾祸引申到人为的祸患，提出守柔法刚的思想，并在《老子》这本书中反复阐明"柔弱胜刚强"的观点。

举战例作说明。兵战中"柔弱胜刚强"的例子比比皆是。著名的如公元前353年孙膑围魏救赵的桂陵之战，齐兵打败了由庞涓统率的魏军，此是一例。在以后10多年，公元前341年，孙膑又巧施小计，用减灶迷敌，给庞涓造成错觉，以为齐兵已溃不成军，诱敌人进入埋伏圈，一举歼敌，此谓"马陵之战"，又是一例。我国抗日战争的伟大胜利也是以弱胜强的成功范例。

但是，"柔弱胜刚强"却是智慧的命题。人们的定向思维一般是胳膊拧不过大腿，刚比柔厉害，强比弱厉害，大比小厉害，粗比细厉害，攻比守厉害，治比防厉害。老子却一反这些惯性看法，独具慧眼，提出"柔弱胜刚强"的命题，这个反向思维开阔了人们的思路，开启了人们的智慧之窗。

首先是柔性管理，这是一种以人为本的管理，其重要特征就是强调民主决策，充分挖掘人的潜力，调动人的积极性和创造性。柔性管理要实行民主决策，充分调动人的积极性和创造性，就要求人自身具有较高的素质。人如果缺乏必备的素质，也就谈不上积极性和创造性的发挥，也就不能开展民主决策。在柔性管理过程中，管理的权力被弱化和分散化，而员工个体被赋予了很大的决策权和自我管理权。整个组织中高度集权的层级管理演变为高度分散的自我管理，在企业里形成了人人参与创造、人人参与管理的氛围，企业中每个人既是被管理者，又是管理者。组织中的管理权力，恰似水，表面看似非常弱小，但是依靠激励、感召、启发、诱导等形式，依据组织的共同价值观和文化、精神氛围等发挥出来的整体管理效应却能实现组织运作的高效率、高效益。①

刚性管理之下，管理的本质是"以制度为中心"，它将人物化，依据具体方法、制度、措施、规章、设备、机构等进行管理，它突出强调了管理的"为"。而柔性化管理强调员工的个人创造，强调依据人的生理、心理和行为规律等进行管理，强调管理的非强制性，也即"无为"。通过员工主观能动性的充分发挥，创造组织良好的氛围和运作效率，在共同愿景的激励下，组织成员能共同努力和奋斗。柔性化管理是在知识经济条件下提出来的重要管理理念，在柔性管理过程中的探索如敏捷制造、准时制造、定制化生产、业务外包、协同商务、虚拟组织等都需要员工有相应的知识水平，而柔性化管理依据组织的共同价值观和文化、精神氛围等进行的人格化管理同样需要员工具有相应的自我管理的能力。

其次，组织结构的柔性化。传统的金字塔形的组织结构在信息传递方面的弊端是层级过多，渠道单一且过长，造成信息传递缓慢和失真；再就是各部门间相互隔离，容易形成信息壁垒。因此，要实施柔性管理，就必须对企业组织结构进行再造。具体来讲，就是要打破每个部门知识单一且协作困难的局面，建立主要基于工作目标的任务小组或工作团队，这样不同知识背景的人在面对目标任务时，不但能全力完成基于客户需求的产品和服务，而且这样的工作环境使不同的知识在完成任务的过程中更好地融合碰撞，进而产生新的知识。在企业外部，可以建立虚拟组织来实现与相关企业间的动态联系，以达到共享核心能力和资源，快速协调行动的目的。工作团队或动态联盟要求个人或企业具有良好的合作态度，这是创造高效率和高效益的基础。为此，企业组织尤其要重视沟通和协调工作，努力避免组织冲突所带来的负面影响。

最后，生产方式的柔性化。产品生产的差异化、工作内容的丰富化、机器设备的现代化、决策权力的下移化等，都要求员工有相应的知识水平和自我管理能力。而优质服务的提供、共同愿景的塑造、企业文化的建设等，则对员工

---

① 田云刚、郭日军：《老子守柔思想与企业柔性化管理》，载《山西高等学校社会科学学报》，2003（7）。

的道德品质提出了相应的要求。同时，健康生产、可持续发展等也对员工的身体素质提出了较高的要求。企业员工应该全面发展自己，以良好的道德素质、科学文化素质和身体素质来适应柔性管理的要求。作为企业领导者，也要把人的全面发展作为管理工作的重要任务，使员工能与企业共同成长。

"柔弱胜刚强"思想作用于企业管理，除了上述外，哲理上还给我们以启示：看问题除作正向思考外，还要作逆向思考；看问题要辩证地看，"弱"可以转化为"强"，"强"也可能转化为"弱"，不要凝固地看所谓"弱"或"强"；催人奋进，不要囿于"弱"以畏缩，也不要矜于"强"以狂妄，努力使"弱"转化为"强"，"强"的变得更强。此外，它启示我们要做好谋划工作。

日本学者村山孚先生 1984 年在中国人民大学讲学，说日本企业得以生存和发展，是使用了两根柱子管理的结果：生产经营景气时期，使用美国那套现代管理经验；在不景气时则使用中国那套传统管理，特别是《孙子》中所揭示的谋略管理。村山孚先生的管理两根柱子论，实际上讲的是柔与刚的问题，这是有道理的。正常时期用正常办法管，用"刚"的一套办法管，用"力度"、"硬办法"如规章制度等手段管；在非常时期用非常办法管，用"柔"的一套办法管，用"韧度"、"软办法"管，依靠正确的价值观的确立、正确的谋略决策去管。当然，这些说法是相对的，讲"柔"不是不要"刚"，讲"刚"也不一定非排斥"柔"不可。经济不景气时需要意志、需要谋略，景气时也需要自敬自重、需要谋略。

"柔弱胜刚强"，把力量施加在"谋"字上。

谋，一要注意"预"，凡事预则立，不预则废。要"计"在先，"谋"在先。谋要谋在长远利益上、全局利益上。没有远虑，必有近忧。不谋万世，不足谋一时；不谋全局，不足谋一域。为此，需要调查研究，需要知彼知己，需要预测分析，需要审时度势做决策。

谋，二要注意"慎"。工商竞争，套用《孙子》的话，是企业的"死生之地"；套用《老子》的话，是"不祥之器"（第三十一章）。为此要"慎"，要"多算"，要"多得算"，即要谨慎，要多分析，要多得制胜因素。谋胜利时如何行动？谋挫折时如何行动？谋失败时如何行动？谨慎决策。当然，作"慎"字说，不是说可以优柔寡断；说要"多算"，不是说可以无休止地算；说要"多得算"，不是说把所有战略制胜因素全把握了才可以行动。对上述若作机械的理解，竞争肯定是要失败的。古人说"六十算为上算"。现代管理学家美国人德鲁克、日本人盛田昭夫都说过上述类似的话，慎算到有 60% 的胜利把握时，就要敢于拍板定案，举案而动。

谋，三要注意"变"。事物是环境变化的函数，随环境变而变，使自己在变化的环境中争取主动，不被环境牵着鼻子走，而是驾驭着环境任我走。以水喻兵，以水喻商，水无常势，兵无常形，商无常情。水因地而致流，兵因敌而制胜，商亦然。能因竞争环境变而变者获成功。参与商争切忌墨守成规、固执一法，切忌机械照搬他人做法与经验。

谋，四要注意"反"。"反者'道'之动"，道的运动规律就是反，有两层含义：一是返，揭示事物发展的趋势和道路。二是对立统一，看事物要看到事物的反面去、背向去，把自己视作"弱"者，即使自己处于较强的位置上。在竞争中，要考虑自己也有可能被"歙之"、"弱之"、"废之"、"取之"，必须使自己处于"以利为患"的思想状态中。事物是发展的，事物发展不会笔直又笔直，"直"中会遭到"曲"，"曲"中蕴含"直"，为此要作"反"的谋。

谋，五要注意"胜"。有两种"胜"：成功的"胜"；效益的"胜"。竞争获胜利，竞争获效益，成功与效益结合，并把效益作为竞争以利制权的砝码与出发点。为了胜，要按孙子观点行事，"先为不可胜，待敌之可胜"，就是说要"先胜后战"，打有准备之仗，不打无把握之仗，要打必胜之仗。

谋，六要注意"谦"。柔弱本身就含有"谦"。"企者不立"（第二十四章），踮着脚尖翘望高处会站立不稳，"跨者不行"（第二十四章），两步并作一步行会摔跤反而走不快。竞争是要讲胜利的，但为人要讲谦字，谦诚地对待顾客，谦逊地对待竞争对手，谦和地对待合作者。老子说"果而勿骄"，"物壮则老"（第三十章），成功了不能骄傲，强大了的事物会走向反面。

谋，七要注意"全"。按孙子的说法，全，"不战而屈人之兵"，"兵不顿而利可全"，"以全争天下"。按老子的说法，委曲反而能保全，弯曲反而能伸直，低洼反而能充盈，破旧反而能生新，少取反而能多得，贪多反而会迷惑。所以，"圣人"用"道"作为观察天下命运的工具。不自我显示，反而能显明；不自以为是，反而能显著；不自我夸耀，所以能有功劳；不自高自大，所以能长久。正因为不跟人争，所以天下没有谁能争得赢他。自然，在竞争中要做到不付出任何资源、任何代价而取得完全胜利是不太可能的，但是，竞争中以"全胜"为目标，通过"谋"尽量减轻竞争损失，还是应该有这样的指导思想的。

四 "知雄守雌"与攻守变理

赵孟頫手书《道德经》片段

本节借老子的"知雄守雌"、攻守燮理的思想，讨论经营管理中的竞争问题、攻守问题。知雄守雌的话是《老子》第二十八章中说的："知其雄，守其雌，为天下谿。"译成现代汉语意思是，知道雄的强大，却安于雌的柔弱，心甘情愿地充当天下的沟溪。老子在这里所持的，仍是他一贯主张的"柔弱胜刚强"的斗争观。

"雄"与"雌"是一对矛盾。"雄"的特性是强，是动，是攻；"雌"的特性是弱，是静，是守。雄雌对峙中，"知雄"，知得深，"守雌"才能守得正。但是，"守"不是退缩，不是躲让，不是退避三舍，按当代学者陈鼓应的说法，守，"含有主宰性在里面，不仅要掌握着这个'雌'，而且要借用对方以'雄'，如此'知雄守雌'处理各种事物"。近代学者严复说："今之用老者，只知有后一句，不知其命脉在前一句也。"这是说，知雄是极为重要的，知雄是守雌的基础，是力的保证，是力的所在，是力的凝聚，是力的隐藏。

老子的上述思想，在十章的一句话中也有透露，他说："天门开阖，能为雌乎？"意思是，在自然对立的开合变化中，我们能守静吗？老子仍然在提倡要安于雌，守于柔，乐于弱，为无为。

在《老子》第六十九章中，老子用"用兵有言"的口吻讨论了安雌、守柔、乐弱的问题，议论得更为明确、更为形象。他说："吾不敢为主，而为客；不敢进寸，而退尺。"此话是说，用兵者的观点，作战，我不敢持攻势而持守势，不敢前进一寸而退却一尺。

这里，老子把守雌观同用兵理论交织起来讨论。本节就按照老子提供的思路，将守雌与兵挂起来、将兵与经营竞争挂起来讨论一些问题。知雄守雌观作用于竞争谋略，强调柔性，知对方雄，守我方雌，以此制胜对方。以柔克刚，这是一种新颖有益的观点。但是，千万不要把老子这个观点理解得绝对了。似乎战事、商事可以不讲"雄"，不讲"攻"，不讲"刚"，不讲"力"。以柔克刚最终追求的还是克他人的"刚"实现自己的"刚"，或说达到胜利的目标。

在工商竞争中，"知雄守雌"有自己的特异性，"攻守燮理"也有自己的特异性。军争、商争比较，两者有"同"的一面，也有"不同"的一面。我们要善加辨识和处置。

先分析军争、商争"知雄守雌"、"攻守燮理"上的相同、相似处。（1）两者都是抗争，有所谓"竞争犹如战争"之说，都含有"知雄守雌，攻守燮理"的问题；（2）都被优胜劣汰的规律制约着；（3）作用于抗争的主体是人，不管是军事抗争或是工商抗争；（4）抗争都有一个抗争价值观、抗争方针、抗争目标问题；（5）都追求"胜"，而"胜"的获得首先靠运筹；（6）都要通过一定的组织形式去实现抗争目标；（7）都要通过指挥、协调、控制等管理职能做好抗争工作；（8）抗争中都要求十分注重知彼知己；（9）抗争中都要求十分注重抗争策略，如奇正策略、迂直策略、虚实策略、攻守策略、分合策略、时效策略、伐交策略等；（10）都要十分重视应变制胜。

再分析不同处，主要有：（1）抗争的性质不同。军争为政治性质的抗争；企业间的商争主要为经济性质的抗争，但在特定的条件下也可能演化成政治性抗争。（2）抗争的对象不同。军争的抗争对象是政治上的敌对者，这样的敌人一般是单一的，或者是屈指可数的；商争的对象是本行业包括可以替代本企业产品的所有企业，包括现实的、潜在的，这样的企业一般来说数量甚巨，包括国内、国外的相关企业。当然，企业在选择抗争对象时可以据情而定。（3）抗争时较量关系不同。军事的较量是敌我直接较量，虽然有时也可能出现第三者、同盟者，即所谓"伐交"，但这只是一种抗争手段，不改变较量关系的直接性质；商争较量就大不一样了，商争乍看是我企业与他企业进行较量，实际却被第三者所左右，那就是顾客、用户或消费者。双方较量主要是争夺顾客的较量，第三者的好感投向谁，谁就胜。在买方市场情况下，第三者的权威是绝对的，是市场的"主宰"，是胜负的"司命"，是决定企业成败的"上帝"。（4）抗争的内容不同。军争的内容与表现形式是刀剑枪炮；商争对生产企业来说主要就产品与服务竞争，对流通、金融、科技等类型的企业来说，又有各自的较量内容与表现形式。我们经常说的企业抗争主要是指工商企业抗争，即生产流通结合企业的抗争。（5）抗争的时限不一样。军争不管持续时间多长总有一个尽期，或胜，或败，或和；商争则不然，由于抗争内容的特殊性，抗争对象的广泛性，抗争的时限是长期的，除非你的企业倒闭了，或被兼并了，只要你这个企业存活一天，你的商品与服务就必须接受顾客的苛刻挑剔，就要接受竞争对手的挑战。

（6）抗争规则不同。任何抗争都是在一定地域范围内进行的，都是在一定的规则下活动的。黑白博弈，在棋盘上进行，受弈棋规则制约；军事博弈，在战场上进行，受战争规则制约，如不能杀伤无辜等；商事博弈，在市场中进行，要遵守国际惯例及国家有关政策、法律、商业道德等。当然，从商争说，更大的规则是劳动价值规则、供需关系规则。

谈完这些，我们便可以较具体地讨论"知雄守雌"在商争中的运用问题了。商争除要遵循抗争的共同规则，如优胜劣汰规则，做好抗争管理（谋划、指挥、组织、协调、控制等）工作，把握住抗争主体（企业领导人及职工）的工作外，"知雄守雌"务必按商争的特异性办事，有三条特别值得注意：（1）遵循价值规律、商品供求规律、顾客购买心理活动规律办事；（2）始终把顾客这个竞争的"主宰"、企业的"上帝"作为工作的着眼点对待之，当然，也应该顾及竞争对手的动向；（3）紧紧把握竞争的两把利刃——商品与服务，做好这两把利刃的工作。

处理好"雄"与"雌"的关系。假如把"雄"理解为一种"竞争力"，是值得追求的。"知雄"，对自己来说，要知道本企业的产品、服务有多大竞争力，在市场上占有多大比重，销售增长率多高，销售利润率水平如何。"知雄"，对认知竞争对手来说，要知竞争对手有哪些竞争力，然后采取相应的"攻"、"守"对策去获取"雄"，创造"雄"。假如把"雌"理解为一种抗争品格，是最为重要的。"雌"，作为"雄"的一种对立物是客观存在的，为此要有"守雌"的品格。就是既然知道了"雄"来之不易，就要乐于"守雌"，把"雄"当成"雌"，兢兢业业，努力使"雌"转化为"雄"，"雄"又转化为"雌"。如此，"知雄"又"守雌"，"守雌"又"知雄"，"知雄"更"知雄"，"守雌"更"守雌"，便能"柔弱克刚强"，使刚强更刚强，达到"为无为"的境界。

处理"攻"与"守"的关系。在激烈的竞争形势下，在顾客挑剔商品、市场筛选企业的情况下，工商企业应该把"攻"放在第一位置上，在产品上"攻"，即以生产优质、价廉、物美、交货及时的产品来攻入市场；在服务上"攻"，即以优质、殷诚、热情的服务攻入市场。向困难开展进攻，向未来开展进攻，即使自己目前处于景气的情形，也要把自己视为处于"危如叠卵"的险境中，向"自伐"、"自矜"进攻。兵家孙膑有一句名言叫

"必攻不守"，是说进攻必须攻其薄弱处。这个思想作用到商争中来，就要攻市场的空隙处；攻顾客需要，但市场又不能满足之处；攻市场需要，但竞争对手又无力顾及之处。河北邯郸轧钢备件厂曾提出过一个名为"攻势经营"的经营哲学，基本观点是：竞争要持攻势态，当然不排斥守。进攻中要以市场信息为依据，运筹帷幄，确定目标，集企业全部可控因素，形成攻势经营，创造经济效益。攻重要，守同样也重要，攻守作为矛盾关系的两面是对立存在的，需攻也需守。守是攻的一种手段，积聚力量再攻；攻也是守的一种手段，攻了是为了更好地守。其中要害是攻守燮理，该攻则攻，该守则守。

列宁曾说过这样的话：自始至终都保持着胜利的进攻战争，世界上是从来没有的，即使有也是例外。西方兵圣克劳塞维茨在《战争论》中说："我们必须看做像进攻那样，把防御也看成是一种斗争。"从商争说，也应该有攻有守。但是，一般而言，有两块天地企业是必须守住的：（1）创造不易的"名牌产品"，应尽量维持其竞争力，发展其竞争力，不要让它褪却竞争光泽；（2）已占有的具有战略意义的市场地盘，因为它事关企业生亡大计，应力争保住它。只有如此攻守燮理，企业才能"知雄守雌"而长盛不衰。

以上理解，如此强调竞争意识，可能不太符合老子思想。然而，从商争来说，"为无为"、"知雄守雌"只能做这样的理解，不然老子的追求——人民吃得香甜、穿得舒服、住得安适是实现不了的。

五 "将欲取之，必固与之"

"将欲取之，必固与之"，出自《老子》第三十六章。前面已被引用过，乃争胜之术。退两步为了一跃进三步，深屏气是为了暴发体内的内聚力。现在拿来议论经营管理中的取予关系，冀求竞争的成功。

宋代苏辙说："几之于智"，老子"与管仲、孙武何异"。是的，就以"将欲取之，必固与之"这句话说，不仅老子这样讲，管子、孙子也讲过这样的话。孙子关于这方面的话，我们在前面议论老孙兵论异同时曾议论过，在此不赘。管子是这么说的："知予之为取者，政之宝也。"① 在管子看来，知予之为取，是为政最为重要的一条原则。

毛泽东在《中国革命战争的战略问题》一文中，引用过老子的上述这句话，说："常有这样的情形，就是只有丧失才能不丧失，这是'将欲取之必先与之'的原则。如果我们丧失的是土地，而取得的是战胜敌人，加恢复土地，再加扩大土地，这是赚钱生意。"毛泽东的话后面那句"赚钱生意"值得格外注意，赚钱生意是经营语言，把兵争、商争联系起来了。事实是毛泽东在讲完这段话后，紧接着就直接用了商争的理来说明他的观点。他这么说："市场交易，买者如果不丧失金钱，就不能取得货物；卖者如果不丧失货物，也不能取得金钱。"② 这些说明，经营管理、工商竞争也必须讲取之予之，只有当取之大于予之时，这才叫赚钱的买卖。

据《史记·货殖列传》载，早在春秋末期、战国时代，我国已经有人运用取予术进行经营，并获得了成功，那就是货殖家、大商人范蠡、白圭等人。范蠡，春秋末期楚人，越王勾践的智囊。在勾践被吴王夫差击败时，他献取予计于勾践，以卑词厚礼屈降吴王，卧薪尝胆，十年生聚，十年教训，发愤图强，终使越国振兴，打败了吴国。在兴越灭吴后，他弃戎从商，在山

---

① 《管子·牧民》。
② 《毛泽东选集》，第一卷，211 页，北京，人民出版社，1991。

东陶（古时商埠，山东定陶县）那里做生意，称朱公。他用兵法中取之予之思想搞经营，使"十九年之中三致千金"，被后人"言富者皆称陶朱公"。白圭，战国时周人，他也是一位善于运用兵法思想于经营的人，他自称"吾治生产、犹伊尹，吕尚之谋，孙吴用兵，商鞅行法是也"。因他善于经营，被后人尊为"天下言治生"之祖。他的治生货殖之术，就是"乐观时变，故人弃我取，人取我予"，即根据经营情况，对竞争对手、对市场作时进时退、有予有取的策略，最终达到治生目的。白圭还这样说："其智不足与权变，勇不足以决断，仁不能以取予，强不能有所守，虽欲学吾术，终不告之矣。"白圭这段治生经验的自我总结，把"权变"、"决断"、"取予"、"所守"问题突出出来了，经营者不知道这些经营道理，虽然学习吾术，最终也是得不到成功的。

工商企业在社会主义市场经济条件下也必须十分注重"权变"、"决断"、"取予"、"所守"等问题，按"取之予之"规则，即"投入产出"规则行事。

企业从事生产活动需要"予之"，没有予之何来"取之"，不然产品是生产不出来的，效益是不会有的，但重要的是应善加谋划。

在"予之"上善加谋划。"予之"即"投入"。予之，劳动力的予之，劳动对象的予之，劳动手段的予之，此外还有资金、技术、信息资源、管理资源、时间资源等的予之。这些予之，进入生产经营活动后，都将演化成为成本，在保证实现一定的生产经营目标条件下，谋划这些资源的予之尽量合理配置，尽量节约，不滥用资源，尽量有效，使一分投入产生一分效果，少花钱多办事。

在"取之"上善加谋划。"取之"即"产出"。实物上"取之"务求生产社会需要的、适销对路的、物美价廉的。价值上"取之"，其量务求大于投入的量。商品务求受社会欢迎，这一条十分重要，不然，生产出来的产品其使用价值、价值实现不了，所有投入都将付之东流，浪费宝贵资源。在这个基础上，力求产出的劳动量大于投入的劳动量，即成本加利润部分要大，而且越大越好。

在转换上善加谋划。予之转化为取之，是通过转换过程实现的。这个转换主要是借助工艺力量、管理力量实现的。工艺，就是用什么方式，或物理变化方式，或化学变化方式，或生物活动方式，或几方面方式兼而有之，使这些投入从旧的物质形态转换成新的物质形态，少量的投入，转换成增量的产出。工艺方式的谋划应该力求先进、科学、合理。

上面就企业生产经营活动作如此予取分析，是从一般意义上说的。往深里说，要求投入量尽量节约，但并不意味着越少越好，不能理解为可以偷工减料，也不是视"少投入"为唯一的选择方式。我们不排斥合理的"高投入"，在大生产条件下，有些投入必须是高投入，高投入才有高产出。低投入不行，低投入得到的只能是低产出。这要视具体情况而言。另外，说要求产出量要多，也不是指可以一味要求多，这里还有质量、销售等问题。总之，对"取之"、"予之"、"取予关系"，都要做全面分析，实事求是。

上面讲的是企业生产经营活动中的予取关系，在商品买卖关系中，也要讲予取关系。商品买卖活动中的予取关系，较之生产活动中的予取关系远为复杂，在这里，起作用的不仅有自然因素、生产因素，还有社会因素、人际因素、感情因素、心理因素等。"予之"，要给顾客价廉物美的优质产品，还要予之诚、予之信。还要让出一部分利润给顾客，以此博得顾客称道，赢得顾客多次购买，从而收到多取之的效果。"予之"，有时甚至还要向竞争对手让一些利益，以求得共存共荣的目的。把算盘打得叮当响，独家吞利，把竞争对手逼急了，自己也会遭殃的。经营箴言说"分利则兴，并利则亡"，是有道理的。"予之"，工业企业还要让出一部分利给商业部门，工业企业一般是难以包揽全部商业营销活动的，为此要让利给商业，使商业有利可图，乐于经销，这对于工业企业发展自己是有好处的。此外，"予之"，企业还要根据情况，向一些部门，如运输部门、资源提供部门让利，"予之"是为了"取之"，让利是为了获利，企业要学会"予取术"，以获得更大的利润。这也是一种"迂直术"，以迂为直，捐小利谋最终大利。现实中有不少善经营者总结出来的"人无我有，人有我优，人优我廉，人廉我转"的经营思想，这些都是对"取予原则"的灵活运用，是值得推广的。

让我们举实例证明"知予之为取者政之宝"的正确性。

先举一个正面的例子。华北制药厂生产的抗生素类药物其质量是可信的。该厂生产的青霉素制剂原仅供肌肉注射用。但是，由于它质量好，不少医院已把它用于静脉注射中，于是有用户来信要求在该药品的使用说明书中，把"仅供肌肉注射"改为"可供静脉注射"。华北制药厂为了这"三字之改"，为做到万无一失，对人民彻底负责，不惜花了64万元的投资，这还不包括在对厂房改造中停产所造成的33万元效益的损失，真可谓是"一字千金"的代价了。但这代价却换回了用户对企业的绝对信任，产生了强大的企业信誉效应，有限的投资获得了无限的效益，有形的"予之"，转化为不可计量的无形的"取之"。

再举一个反面的例证。河南省有两家生产杜康酒的酒厂：一叫伊川酒厂；另一叫汝阳（汝阳原名伊阳）酒厂。因为历史上杜康是有名的酿酒专家，他酿造的杜康酒是名酒，曹操曾赋诗吟咏："慨当以慷，忧思难忘。何以解忧，唯有杜康。"这两家酒厂都想借杜康之名来宣传自己，以产生名牌效应，争着说自己是正宗的杜康酒传人，争抢"杜康"的商标，谁也不肯"人取我予"。这场被人们戏称为"两伊"的争斗，使双方光为争名牌所花的广告就耗资达千万元，使企业经营受损，产品出口连年下降。后来，两家企业觉悟了，在有关领导的调停下联合成杜康集团，才平息了这场争斗。也可说，"两伊"争斗的损失，是双方不懂"取予原则"的损失。

以奇用兵

《老子》第五十七章有句名言："以正治国，以奇用兵。"这一章中老子讲的基本是政治问题，但开头在讲"以正治国"时，反衬地讲了一句"以奇用兵"的话，以突出治国务求正。什么是"正"？老子心目中的"正"，就是清静无为，"以无事取天下"（第五十七章），"清静为天下正"（第四十五章）。其实，既然是治国，怎么能"无事"和"清静"呢？总是有所事的，总是有所动作的。关于这点，在本书"德"论中已讨论过，不再赘述。"奇"，是相对于"正"而提出的，假如把"正"理解为正常方法的话，那么，"奇"就可理解为异常之法、灵活应变之法、奇谋妙计之法。

老子讲"以正治国"，"以奇用兵"是有道理的，只有把国家、军队周密切实地治理好了，即内治强大了，做到"无死地"（不要进入死亡圈），然后用奇兵、出奇兵，战争才会取得胜利。

"以奇用兵"，老子肯定了战事中要用"奇"，要讲权谋应变，这是绝对正确的。兵者，国之大事，死生之地，打仗不权轻重、不计利弊采取相应对策出奇兵，是绝对不行的。

用"奇"，在中国兵书中占有重要地位。《孙子·势篇》中说："三军之众，可使必受敌而无败者，奇正是也。"孙子认为，使三军受敌进攻而不败，靠的是使用奇正之术。《孙膑兵法》中还专门列有一个名为《奇正》的篇章。传说一本为明代刘基所写的兵书，书名就叫《百战奇法》，可见"奇"在兵中的地位。

什么是奇？老子没有明确解释，孙子也没有明确解释，但《孙子·计篇》中有这样一句话："攻其无备，出其不意。"此话在《孙膑兵法·威王问》中也能读到，在《百战奇略·奇战》中也能读到。其中《百战奇略·奇战》中是这样说的："凡战，所谓奇者，攻其无备，出其不意也。"由此，可把"奇"理解为"攻其无备，出其不意"。

其实，奇与正是对立统一而存在的，没有正就没有奇，没有奇也无所谓正。《孙子兵法》、《孙膑兵法》都把奇与正连着说。如孙武说："凡战者，以正合，以奇胜。"孙膑说："形以应形，正也；无形而制形，奇也。"两位孙子都说，用常规之法对付敌人是"正"，用隐蔽状出敌人之不意去制胜敌人是"奇"。孙武、孙膑在他们各自所写的兵书中，都说了"奇正无穷"那样的话。

还应作这样的认识，奇正这一对矛盾是可以相互转化的。"正"可以演化成"奇"，"奇"也可以演化成"正"。要害是要按孙武所说的"攻其无备，出其不意"去做。也就是说，据情，可以攻其无备，出其不意地去"奇"，也可以攻其无备，出其不意地去"正"。诚如唐太宗李世民与李靖在兵法问对中所说的："无不正无不奇，使敌莫测"，"正亦胜，奇亦胜"。

"奇正之术"的运用，要因时空条件而异。这时空条件，包括天时、地理、敌情、我情、时间等。有多种多样的时空条件，就有多种多样相应的"奇正之术"。时空变，"奇正"也要变。从这个意义上讲，奇与正是绝对的。还是孙武说得好："善出奇者，无穷如天地，不竭如江河"，"战势不过奇正，奇正之变，不可胜穷也"。①

上面讲的是"兵"的话，议的是"兵"的理。既然兵战与商战有相通处，上述之话、上述之理也适用于商战。企业经营竞争，主要是商品竞争。争商品品种与销售是否色彩纷呈，异花竞放；争服务是否热情周到，博得顾客欢心。这些都可以从老子的"以奇用兵"的思想中汲取营养。

战事强调"攻其不备，出其不意"，商业经营中，在工商经营法规允许范围内，也要敢于"以奇用兵"：奇攻、奇守、奇变、奇胜。想他人未想或不敢想的，谋他人未谋或不敢谋的，干他人未干或不敢干的，胜他人未胜或不敢胜的。

在商争中，"以奇用兵"的内容是很丰富的。商品生产出奇兵，生产出别人没有生产的产品；市场占有出奇兵，开拓出一块新的市场处女地；广告宣传出奇兵，推出一则新颖别致的广告内容与形式；商品包装出奇兵，包装得那么漂亮且得体，使买者见此物欲罢不能，非买不可。再有商品行销方式出奇兵，商品促销手段出奇兵，商品定价策略出奇兵，皆可获得商争之胜利。

"以奇用兵"的"奇"是丰富多彩的，如兵法中所说的那样，五声之变、五色之变、五味之变是不可胜听、胜观、胜尝一般。"以奇用兵"的"奇"，如何运用是没有常法的：虚则实之是奇；实则虚之也是奇；虚则虚之是奇，实则实之也是奇。商争也如此。廉价销售、薄利多销是策略；高价销售、撇脂销售也是策略。日本美佳时装店折价销售也是一种策略。这个时装店巧妙地运用了顾客的购买心理，采用折价策略，运用顾客购买中信息传递效应，其效果是很绝的。这种"奇"与"绝"，实在是很难用干瘪的"诀窍"两字来概括的。

然而，"奇正"常法是没有的，"奇正"常理却是有的，归纳出如下几条：

其一，出奇不忘正。《孙子·势篇》中说："以正合，以奇胜。""正"作为作战手段是永远需要的，况且奇正是相生的。正兵也可作奇兵用；奇兵也可作正兵用。关于这些道理，前面已有论述。商争中也同样如此，要注意

---

① 《孙子·势篇》。

出"奇兵"，但也不能忘却"正兵"。比如，保名优产品的"正兵"，保货真价实的"正兵"等。

其二，出奇不忘客。兵是因敌而制胜的，商的"出奇"当然要顾及竞争对手情况，"敌"变我变。但是，顾客是上帝，产品、服务出奇，更应该适应顾客需求做出。对顾客的现实需要，我要"出奇"以满足他们；对顾客的潜在需要，我要"出奇"引导他们消费。时时、处处为顾客着想，但借"出奇"以诓骗顾客却不齿。

其三，出奇要合律。要根据市场规律出奇，比如供求规律。又如，不能违反法律、法令，应遵守市场竞争道德等。

其四，出奇在于巧。巧思出奇谋。乌龟在人们心目中是一种迟钝、污秽的动物，但有人发巧思、出奇谋做了一则好广告。芬兰韦齐莱工业集团认定乌龟具有忍辱负重的性格，在一家报纸宣传版面上画上一只缓慢爬行的乌龟，画龙点睛地配上几个字——"不求急进，只求踏实"，从而宣传了公司注重质量的经营宗旨。

其五，出奇要顺势。出奇是无固定模式的，但乐观时变、因势而出奇则是规律。范蠡、白圭的水则资车、旱则资舟就是他们的出奇术。大旱之年收购船只，大水之年抛售船只并收购车辆，待到大旱之年再抛售车辆。出奇要顺势，为此经营者必须善于捕捉信息、见微如著，因势出巧思，巧思出奇谋。

其六，出奇在于心。应该承认，出奇是有风险的，或遇挫折，或遇失败。但是竞争就应该有风险意识，把风险与成功联系起来考虑问题，出奇冒小风险获小成功，出奇冒大风险获大成功，迈四方步走普通路则是成不了大气候的。

企业在竞争中当然希望获得胜利，但如何获得胜利却大有学问。《老子》的一些兵论中可给我们以启迪。

让我们摘引老子的两段话：

以道佐人主者，不以兵强天下。其事好还。师之所处，荆棘生焉。（第三十章）

用兵有言："吾不敢为主，而为客；不敢进寸，而退尺。"是谓行无行，攘无臂，扔无敌，执无兵。祸莫大于轻敌，轻敌几丧吾宝，故抗兵相若，哀兵胜矣。（第六十九章）

第一段话的意思是，用道去辅佐君主的人，不靠武力在天下逞强。使用武力这种事，是必定有报应的。大军过后，荆棘丛生。后一段的意思是，用兵打仗的说过这样的话："我不敢采取攻势，而采取守势；不敢前进一寸，而要后退一尺。"这就是说，摆阵势，像没有阵势可摆一样；挥胳臂，像没有胳膊可挥一样，迎敌人，像没有敌人可攻击一样；手执兵器，像没有拿武器一样。最大的祸患莫过于低估了敌人的力量，低估敌人的力量，就几乎丧失了我的"三宝"的原则。所以，两军相对，力量相当时，慈悲的一方可以获胜。这里的"三宝"，老子是津津乐道的，他说，我有三件宝贝，我掌握并保存着它们。第一件叫做慈爱；第二件叫做节俭；第三件叫做不敢处在天下人的前边。（因为）慈爱，所以能勇敢；（因为）节俭，所以能富裕；（因为）不敢处在天下人的前边，所以能做万物的首长。现在，舍弃慈爱而求取勇敢，舍弃节俭而求取富裕，舍弃退让而求取争先，结果只是死亡！慈爱，用它去征战就能获胜，用它去守卫就能巩固。上天要救助谁，就用慈爱去卫护谁。

从商争角度，如何看待老子上述这些话？

其一，"不以兵强天下"，军争不能黩武，商争也不能滥施争斗。企业要提高竞争实力，但处理具体抗争时却要持"恬淡"状。若对同行企业，非要摆出一副"以兵强天下"的姿态去吃掉对方，后果不见得好。1986 年，苏州有两家生产乌发宝的工厂——月中桂乌发宝厂家和东吴乌发宝厂，为使自己独霸乌发宝市场曾作殊死斗，双方都投入大量资金开展广告宣传战，互相攻讦对方乌发宝的质量问题，结果两败俱伤，顾客再也不敢问津两厂的产品，销量大减。从此，在苏州，确切地说在我国乌发宝化妆品市场上，再也见不到这两个工厂的名字了，真应了老子所说的"荆棘生焉"的惨象。

其二，"不以兵强天下"，精明的企业家应该尽量避开与竞争对手作同水平的正面冲突。你生产某产品，我也生产同样产品；你压价销售，我也压价销售，互相竞压价；甚至在广告中指桑骂槐贬低人家。这是不可取的，它必然会导致两种祸害：重则说，降低整个行业的收益率，关于这点，我国某些出口商在国际市场上竞相压价，自相"残杀"，致使我出口盈利大减，甚至败于他国商人之手就是证明。轻则说，伤害了竞争者的自身利益，如苏州的"两乌之战"就是例子。

其三，"不以兵强天下"，精明的企业家作"巧"字争，避开竞争对手强处，另辟蹊径参与抗争，以求取如老子所说的"善有果"之胜。比如，作"你有我优"争，作"你优我廉"争，做好行销工作、服务工作与之争等等。日本雅马哈公司生产经营的主要产品是电子琴、钢琴。他们就不与同行作正面竞销战，而面向社会举办培训班，传授音乐知识和电子琴、钢琴演奏知识，搞好优良服务，借此扩大雅马哈的社会影响，无形中宣传了雅马哈商品，推销了他们的商品，结果雅马哈公司成为世界上最大的电子琴、钢琴生产厂家之一。

其四，"不以兵强天下"，精明的企业家在竞争中还善于以塑造企业良好形象取胜对手，培育企业的无形竞争力。如创造优质产品以形成"产品信誉"，博得顾客钟爱；如为顾客热情服务诚招天下客以形成"服务信誉"，赢得顾客欢心；实行产品的包修、包换、包退，赢得顾客信任等等。这种无形的"信誉"竞争力是最为强大的，是竞争对手很难超越的。"信誉"金不换，无形胜有形，实践了老子的"不以兵强天下"的主张。

其五，"不以兵强天下"，精明的企业家还努力为提高企业整体素质而努力，树立企业良好的价值取向，提高职工素质，在技术上、管理上提高水平，造就企业的综合优势，以求取"不战而屈人之兵"的竞争态势。

其六，"不以兵强天下"，企业之间应同舟共济而不是鱼死网破。《孙子·九地篇》中说："夫吴人与越人相恶也，当其同舟而济，遇风，其相救也，如左右手。"吴人与越人是仇敌，但在他们同舟渡河时，迎着风浪，却能互相救应如一人。这就是有名的成语"同舟共济"、"吴越共舟"的出处所在。这段话能否给我们这样一个启迪：吴越是政治上的敌人，在风浪中尚且需要同舟共济，我们企业与企业之间竞争难道非弄得个你死我活不可吗？

其七，关于"哀者胜矣"。这是励人奋进的话。"抗兵相若，哀者胜矣"，它勉励哀者立悲愤之心，树求胜之志，创取胜的态势，作殊死的抗争。《孙子·军争篇》中说"三军可夺气"，夺气应该夺我方队伍必胜之志。《吴子兵法》中有一《励士篇》，励士就要励士兵抗争之心。《尉缭子·战威》中说"民之所以战者，气也"，激气就要激哀者胜矣那样的气。战争中自己处于困难境地，哀者地位不见得全是坏事。孙武说得好："投之亡地然后存，陷之死地然后生。"只要哀兵奋起，死且不北，获取胜利的可能是存在的，"然后存"、"然后生"是能够实现的。"抗兵相加，哀者胜矣"，兵争如此，商争也是如此。我们的企业在竞争中，特别处在困难境遇中，有了这种"哀者胜矣"的思想，励士激气，做"哀者胜矣"工作，创"哀者胜矣"条件，最终是能夺取胜利的。

第四章

无中生有

道之出口，淡乎其无味，视之不足见，听之不足闻，用之不足既。

——《老子》第三十五章

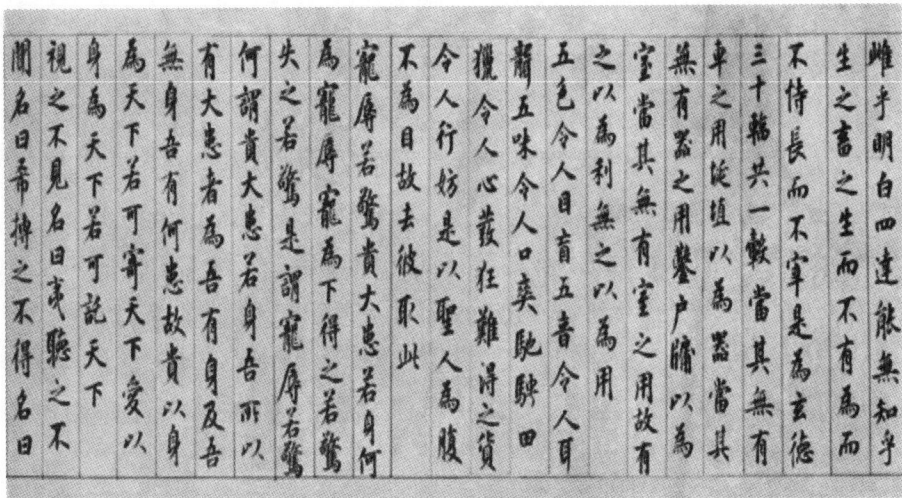

赵孟頫手书《道德经》片段

一 "无" 的奥义

　　在老子的哲学中，"无"并不是一个用来说明"什么都没有"的概念。《老子》一书中讲了不少"无"，而且很精彩。全书涉及"无"的内容就有二十余章，主要的是第一章，他说：

　　"无"，名天地之始，"有"，名万物之母。故常"无"，欲以观其妙，常"有"，欲以观其徼。

上述引文中，老子把"无"和"有"对应地、独立地作议论。老子用"无"来称呼天地形成的开端。这句话说的是天地形成之际的一种状态——无。这个"无"并非空无一切，而是形容"道"生成宇宙万物过程中混沌一片、无以名状的一种特殊的状态。老子是把"无"与"始"联系着说的，说明这个"无"不是虚的无，并非到了"有"的时候，天地才出现"始"，这里的"无"是尚未形成天地、即将形成天地的那个物质。同理，"有"，也可以叫做万物的根源。它指天地形成以后、万物竞相生成的状况。古代中国人认为，先有天地的分化，然后才有万物的出现。"有"和"无"，是老子提出的两个重要概念，是对"道"的具体称呼，表明"道"生成宇宙万物的过程，即"道"由无形质向有形质转换的过程。实际上这两句话，老子都是用来说明"道"、议论"道"的。"道"是"无"和"有"的矛盾统一体，在真理发展的长河中，"无""有"相生，"无""有"相资，这"之始"、"之母"是同一意义的两种说法而已。

"故常'无'……常'有'……"句是说：由于"无"是天地的本始，"有"是万物的根源，所以，就要从"无"中去认识"道"的奥妙，从"有"中去认识"道"的端倪。老子关于"无"的论述，重要的章句，还有第二章中的"有无相生"句，第四十章中"天下万物生于'有'，'有'生于'无'"等等。

老子的"无"，大致可作五种解释：第一种意思是，"无"即"道"，如第一章所说的"'无'，名天地之始"，这是主要的用法；第二种意思指"虚"，虚廓的空间，这"无"实际也是一种"有"，虚廓的"有"；第三种意思作"有""无"对立体的"无"讲，如"有无相生"（第二章）；第四种解释作"没有"讲，如第十九章中"盗贼无有"句；第五种，作规律解，用"复归于无物"、"无物之象"、"无状之状"那样的文字，来形容自然、社会、思维发展规律，即老子所说的"道纪"（道的纲纪，道的规律）。

老子讲"无"，常常与某个字连缀地用，以加强"无"的内容，如"无极"（"复归于无极"，第二十八章），如"无名"（"'道'常无名"，第三十二章），如"无为"（"为无为"，第三章）等等。"无"既然是一种伟大的力量，那么"无为"也就可以理解为是一种伟大的作为。或者说，"无为"并不是对"为"的简单否定，而是必须看到，"无为"本身就是一种"为"。对于"什么都不做"，《道德经》是用"不为"这个概念来表述的。这也就是说，"无为"不是"不为"，而是"为无为"。正因为"无"是一种伟大的力量，所以"为无为"才能达到"无不治"的效果。这里说明，如果说"无为而治"的"治"指治理、管理，属于管理学的范畴的话，那么，首先必须将其放在哲学范畴中，才能准确地理解管理意义上的"无为而治"的内涵。

老子讲"无"，常与"有"对应着讲，如第一章中"常无"、"常有"，第二章中的"有无相生"，第四十章中的"有生于无"等等。这些"无"绝不是子虚乌有的"无"，这些"有"，也绝不是货真价实、实而又实的"有"，而是"有"与"无"的统一，"无"中有"有"，"有"中有"无"，实依附虚而存在，实凭借虚而显现。

我国学者庞朴从文字学角度分析了"无"，说有三种"无"：亡，有而后亡；無，似无实有；无①，无而纯无。庞朴对《老子》无有的解释，说明无向有转化，或有向无转化，是经历无—無—有的过程，或有—無—无的过程，这对我们认识事物与改造事物是很有意义的。如果按照正反合的三段论逻辑，無类似于对有和无进行第一次否定，但这种否定并非全盘否定，而是吸收了肯定方面的优点，克服了肯定方面的糟粕，是一种辩证的否定。

"无"、"有"是对立统一体，是共生体，相互依存、不可分割，相互渗透又可以在一定条件下相互转化。"无"中可以生"有"，"有"中可以生"无"，是可以互为转化的，"有"可以转化为"无"，"无"也可以转化为"有"，这种转化是一个否定之否定的过程。这个观点和信息论的理论很相似：当我们需要从信号（方便起见，认为是电信号）中提取信息时，单纯的高电平（"有"）和低电平（"无"）是没有信息量的，信息量的大小取决于交变电平出现的频率和强度。

老子所说的"无"，从主要用法的那个"无"说，有如下特征：（1）是"道"的化身，恍兮惚兮，包含在万事万物之中；（2）是"有"的对立物，它从"有"中来，又将产生新的"有"；（3）具有虚谷、谦下、处静

---

① 据《说文解字》，无与無是有区别的。前者是潕的古文奇字，后者则通亡。

的品德，以此胸怀去孕育"有"，诞生"有"，使"有"腾飞。

研究"无"，从《老子》一书所揭示的，提供给我们的管理思考是很丰富的。

第一，从"无"的本体价值作思考。"无"的发生、存在、发展，是自然现象、社会现象的一种普遍规律，包括管理现象。宇宙日月，泱泱世界，从高山到平地，从有生命体到无生命体，成千上万的动物、植物、微生物，人的各式各样思想、观点、方法，莫不是遵循有无相生的规律而运动、而变化、而发展的。拿物质形态的"有"来说，当初大地是洪荒一片，浑沌一团，原始物质在互生互克中、互相激荡中，"混而为一"（第十四章）的物质裂变了，"'道'生一，一生二，二生三，三生万物"（第四十二章），色彩纷呈的万物诞生在世界上。有人认定，"无"不能演化为"有"，认为它们是彼此对立的，认定"无"就是"无"，"有"就是"有"，"无"怎么能变成"有"。这不对，他们没有弄清"无"中有"有"的因子，"有"中也有"无"的元素，也没有弄清事物总是在不停地变化的，如按他们那样理解，万物早已匿迹，文明早已断种，历史早已凝固，世界早已僵死了。从企业管理的诞生、发展也可证明，它也是经历着从"无"到"有"的过程，而且又出现了新的"无"，督促我们去研究这个"无"。作上述思考，启迪我们要善于发现"无"，认识"无"，发展"无"，促"无"的变化，促"有"的诞生，促"道生一"。走好关键的第一步，踏踏实实，从零做起，把企业做大做强。

第二，从"无"的行为指导价值作思考。"无"可生化为"有"，不仅仅局限在物质的生存发展上，还扩及人们的行为活动中。比如，对待事业成败问题，对待改革顺利与挫折问题，都可用老子的"无"论激励自己，励精图治，克服困难。拿企业管理来说，若企业在竞争中遭到了挫折，用老子的"有生于无"思想敦勉自己，奋发图强，使企业化阴霾为光明。假如我们企业没有成长起来，或者做赔钱了，我们还是回归到零的状态，并没有失去什么，反而是在失败中历练了自己；假使现在情况不错，我们也可以用老子的"有无相生"的思想提醒自己，不矜不美，恬淡地对待自己，防止自己已取得的"有"失落，过早地逝去，使"有"创新再创新。

第三，从"无"所提供的方法论作思考。"无"，名天地之始，"有"，名万物之母，它启发我们看问题要全面些。不仅要看事物的正面，还要看事物的背面和侧面；不仅要看事物"有"的一面，还要看事物"无"的一面。据此采取相应对策，或让它尽快地转化为对立的"有"或"无"；或延缓它的转化，维持现有良好的"无"或"有"。因为"无"、"有"变化是生生不息的、时时存在的，上面所谓的"尽快转化"、"延缓转化"都是从相对意义上说的。

第四，从个人修养角度来思考"无"的价值。做工作、办事情、想问题、搞管理要虚静一些，事业成功了，"无"一些，谦下之；事业受挫或失败了，"无"一些，宽怀之，不急不躁。以此修身修性，如老子所说"清静为天下正"（第四十五章）。

老子在《道德经》第四十五章告诫我们，最圆满的东西就好像有欠缺一样，但是它的作用是不会衰竭的。最充实的东西好像空虚的一样，可是它的作用是不会穷尽的。最正直的东西好像是弯曲的一样，最灵巧的东西好像是笨拙的一样，最好的口才好像是不善言词一样。清静战胜躁动，寒冷战胜炎热。清静无为便可以成为统治天下的君长。这便是一种"无"的境界，作为企业的管理者，谁都有将企业做成行业龙头的欲念，但在这个过程中，要防止过多的杂念影响自己的判断，心里面东西太多，就存不下企业生长的空间了，所以，一定要戒骄戒躁，不求完美，只求天天向上。

老子有句众所周知的名言，日本人铃木大拙甚至将它作为自己的座右铭——孰能浊以静之徐清，孰能安以久动之徐生。也就是说，谁能够在浑浊中安静下来，慢慢地澄清？谁能在长久的安定中变动起来，慢慢地趋进？保持这种"道"的人，他不要求圆满。正因为他不自求圆满，所以虽然破败，却不会穷竭，不必制造新的东西去补充。

二 "无"中生有

上节"无"论，"有"与"无"相生，"有"生于"无"，使我们联想到与历史发展、社会进步、企业成长有关的创造思想的问题。一部自然演化史，是"无"转化为"有"，"有"又转化为"无"，"有""无"相资的历史，同样，一部社会发展史也经历着这样的转变。

"有"生于"无"，自然不纯是自生自灭的，需要"为无为"，需要人类努力，需要"为"，就是说需要刻意创造。

什么是创造？"创"字的注释在我国首见于《汉书·叙传下》，其中颜师古注说："创，始造之也。"我国《辞海》中对"创造"一词的解释为：首创前所未有的事物。这些话用老子的词汇来说，就是"有"在"无"中的实现，或说是"有"的突破。

创造在社会发展中起着巨大的作用：它变革生产力，使生产力发展进步；它完善、变革生产关系，使社会不断前进。

创造推进生产力的发展。18世纪纺织机、蒸汽机的发明创造，开创了第一次产业革命。以后出现的以电力、化学、钢铁为代表的技术革命，被人们称为第二次产业革命。20世纪50年代以来，量子力学、半导体、电子计算机等新兴学科的出现，推动世界进入第三次产业革命。这一切都是人类创造活动的结晶，是"无"向"有"的推进。

著名华人实业家李光前在创办南益树胶公司初期，由于胶丝是向小园主购买，成本就比其他胶厂来得高。在这种不利条件的"无"情况下，为了与其他胶厂竞争，李光前日以继夜地绞尽脑汁，想方设法来改良烟片的质量，降低成本。他把胶片的生产程序改成流水线型的操作方式，减少了工人把胶片或胶液在工厂里搬来搬去的麻烦，从而提高了工作效率，也降低了成本。同时，他又把烟房加大，炉灶加宽，四壁粉刷水泥。这样，不但使胶品的质量更佳，而且可以同时生产更多胶片。由是，南益公司就变"无"为"有"，创造了优越条件，不仅在激烈的市场竞争中站稳了脚跟，而且经受住了1929年开始爆发的世界性经济危机的考验，逐渐发展成为名闻东南亚的集团公司。

李光前的"有生于无"的创新思想，还表现在善于接受新生事物方面。1952年，南益公司就采用了西方发明的电子计算机，是新、马两地最先使用电子计算机的华人公司。电传机问世以后，李光前又给每一个分行都安置了电传机。分行负责人要通过电传机把每天的树胶交易、囤胶数量以及其他营业详情传到吉隆坡总行，然后再由总行把所有资料汇集整理传到新加坡总公司，并把它们存入电子计算机中，以便于随时调阅参考，制定经营策略。①

创造，是"无"转变为"有"的实践。《老子》思想在这里起着催化、推动的重要作用，关于这，有多位世界著名科学家讲过这方面的话。这里选择两位的话以资说明。

一位是以研究中国科技史而闻名全球的英国科学家李约瑟，他说："中国如果没有道家，犹像小树没有根一样。"② 另一位是诺贝尔化学奖获得者，因揭开生命的化学奥秘而震动世界的现代化学家普利高津，他在为自己的一本著作的中译本所写的序言中，在评说李约瑟时说："当作为胚胎学家的李约瑟由于在西方的机械论思想中无法找到适合于认识胚胎发育的概念而感到失望时，他先是转向唯物辩证法，然后转向了中国思想的研究。"普利高津认为，李约瑟的成功奥秘，得益于中国传统文化对其的滋育，其中主要包含有《老子》的思想，这就逻辑地加重了李约瑟说的"中国如果没有道家……"那句话的分量。

这些科学家颂扬老子是有道理的。就"创造学"而言，《老子》就隐含有创造学的一些基本思想，如前节提及的"无"论思想——无转化为有的创造追求；恍惚思想——创造的潜意识与灵感意识；反求思想——创造的多向、逆向思维；道生一思想——创造的顿悟与发现等。

老子思想与创造思想有关，我们还可以从老子这位哲学家与古希腊哲学家德谟克里特的观点对比得出。德谟克里特的原子论认为，原子论是以对立的两种存在即不可入原子和可入原子的虚空为基础建立起来的。德氏认为，

---

① 李天锡：《李光前企业管理方式与＜老子＞学说》，载《宜宾学院学报》，2003（6）。
② 潘吉星：《李约瑟文集》，255页，沈阳，辽宁科学技术出版社，1985。

这个"虚空",虽然表象是空无的,但是实质却是实有的,有这个似无实有的存在,原子才可以在其中活动。德氏在这里所说的两种存在,那原子,那虚空,与老子所讲的"有"与"无"思想多么相似。德谟克里特的原子论思想,犹如幽灵一般,催动着现代科学的发展。老子提出的"道"的学说,也如德氏原子论一般,其幽灵游荡在世界各个角落,其中包括创造学这个角落。

当代德国哲学家哈伯特·曼纽什的一席话,也可以从中品味出老子思想在创造学中的重要作用。他认为《老子》是一部怀疑论的哲学著作,他要求现代人"必须成为一个怀疑论者",但他又指出:"并不要大家全身心地泡在怀疑态度的迷雾中。"是的,曼纽什说得对,《老子》中有怀疑论的思想,比如,"恍惚"的不确定观,怀疑是创造的发端,有怀疑才有追索,有追索才有创造。当然,这个怀疑也必须是科学的、合乎实际的,如曼纽什所说的那样,不是"全身心地泡在怀疑态度的迷雾中"。

其实,老子提出"道"论,本身也是一种创造,是"始造也",是"首创前所未有的事物"。这个"道",它超越感觉又能使人感觉,它无限定但又有限定,似有似无,若隐若现,其观点多么新颖、多么精辟。它诱导着人们在人类的智慧海洋中遨游、探微,从中创造出各种各样的新鲜知识来,包括自然科学的知识、社会科学的知识,其中也包括我们所讨论的企业管理知识。

我们可以举一些科技方面的例子。在数字编码中,我们经常避免出现长"1"和长"0"的情况,因为这样不方便我们提取时钟,而且当出现误码时,我们甚至没有办法去识别它。最好的编码方式是码字中"1"和"0"的概率相等。这正符合了《道德经》中"此两者,同出而异名,同谓之玄"的观点,"有"与"无"的力量必须平衡,当一种力量占压倒性优势之后,将会使得系统极其不稳定。

创,始造之也。首创前所未有的事物,这是对创造含义的一般理解。其实,还有其他种种理解,比如有人认为创造是一个过程,将创造的过程分解成潜意识、前意识、意识三个阶段。就创造全过程而言,创造者在创造中本身无法感觉的,谓之潜意识阶段;经过表象化达到前意识的阶段,在这一阶段中则有着逻辑、科学、计划等的参与;经过这一阶段的系统交流,到达意识境界，人们称之谓顿悟，即产生创造性思想的一刹那。又如，有人认为创造是思考的产物，或作聚合性的思考，将已知的和现存的事实统一于逻辑与顺序中去，作有条理而又有组织的思考，或作扩散性思考，通过广泛的想象，其思考可能千头万绪，毫无条理，但却由此创造出独特而新奇的事物。再如，有人认为，创造是一种领先于他人的能力。有一位叫海墨威兹的人认为，创造是革新、发明和将元素置入前所未有的共同境地的能力，以增加各元素未经强调的价值和妙处；同时，创造也是把常用的解决问题的方法，置入更新、更有效或更有用的形式中。如此等等。

上述各种观点，都是从不同角度来理解创造的含义，都有一定道理。创造首要问题是思维的问题，更多的是属于意识方面的事，是创造者在创造过程中进行思维活动的过程，经过潜意识、前意识到意识，最终实现创造。当然，创造作为一种变革还有实践问题，变思维创造为行为创造。完整的创造应该是思维活动与行为活动的统一，知与行的统一。

创，始造之也。在不把"知"视为唯心的前提、先验的前提下，知行合一，实践的"知"是先于实践的"行"的，有实践的"知"才有实践的"行"，有思维的创造才有行为的创造。自然，假如把"创造"停滞在思维上不实践，这个"创造"也是不完善的，是没有最终意义的。况且，"知"的完善、发育、发展，也有待"行"给予充实、补充与修正，使之进行新一轮的创造。

假如，这样的认识被认为是合理的话，《老子》中隐含着极为丰富的创造智慧的源泉，可供我们汲取。从创造的角度说，值得挖掘的，至少有如下五点：（1）创造要有"为无为"意识，让"无为"宽松自然地思考问题，让"有为"有所追求地去实现目标。（2）创造要有"有无相资"意识。有两种"有无相资"：观念上的"有无相资"和物质上的"有无相资"。观念上的"有无相资"，重视"无"，研究"无"，突破"无"，使"无"转化为"有"，然后让"有"视为"无"进行新的创造；物质上的"有无相资"，在"有"的实体中窥测"无"，在"无"的空域中审察"有"，实现有无转化。（3）创造要有逆向思维意识，打破习惯思维定势，要在"有"中去认识"无"，在"无"中去发现"有"，事物的正面是要观察的，还要观察其反面及其他面，作方方面面的观察。作正面认识，因为符合思维惯例相对比较容易，作逆向思维相对就不太容易了，而逆向思维却常常是发明、创造的前提，因此尤为重要。（4）创造要有"恍惚"意识，重视创造活动中恍兮惚兮境界，在恍惚中让创造思维驰骋于无限的天地之中，作广泛的想象，让创造的智慧火花闪耀，让发明的灵感迸发。（5）创造要有"有精"意识。恍惚是一种思维活动，没有固定的形态、固定的阈域，但是，却有恍惚的精气，恍惚的灵通，"其中有象"、"其中有精"（第二十一章），要树立这种"有精"意识，去捕捉飘渺于恍惚中的创造精气，去攫取那稍纵即逝的智慧灵感，实现潜意识、前意识到顿悟的转变。

企业管理需要借助《老子》的创造思想为之服务，以做好工作。如前已述，搞好企业管理要有一个正确的"道"——价值观，创造意识就是企业必须持有的一种价值观；要做好"域中有四大"中人的工作，企业中的人，或领导人，或一般职工，都需要具备创造的意识与本领；要有"为无为"的治理意识，把创造意识掺和在"为无为"中；要有"柔弱胜刚强"的观念，"柔弱胜刚强"是通过"谋"和"智"去实现的。"谋"和"智"的核心是创造，有效创造是实现谋胜、智胜，"柔弱胜刚强"的根本。以上说明创造在企业经营管理中具有十分重要的作用。

需要强调，在现代企业管理中，技术进步要素是企业胜负存亡的关键要素。科学技术是第一生产力，企业的新产品开发、产品质量的提高、设备的更新、工艺的改进、劳动生产率的提高、产品成本的降低等，都有待企业创造思维的有效发挥与运用。

企业中任何工作都有一个待改善、待发展的问题，也就是说都存在一个创造问题，比如生产的、经营的、技术的、管理的等各方面的创造，出主意、想点子、提设想。最主要的是两个，或者说创造要围绕两个方面展开：（1）围绕企业产品展开，如新产品开发、老产品改造、创优质、低成本、及时交货等。（2）围绕营销工作展开，在商品营销工作的组织、营销策略、促销手段、销售服务上搞创造。

企业的创造涉及企业方方面面的工作，因此企业任何成员都有一个创造性地做好自己工作的问题。因为，企业领导人是主管企业兴亡大事的，他们是否具备创造思维、创造能力和创造魄力，去积极从事创造活动尤显重要，企业领导人要培育、锻炼这方面的能力。企业中的技术人员、管理人员也必须强化自己的创造意识与能力。

三 无即是有

创造是一个过程，是创造者，即创造主体在强烈的创造愿望驱动下，创造信心，创造意志，创造智慧，创造思辨交相融合的产物。

创造主体——创造者在创造中应该具备自由独立的性格，拥有自由思索的环境，运用他所掌握的全部创造智慧与能力，去观察社会、思考社会，去观察自然、思考自然，去观察宇宙、思考宇宙，以"无"为天地始，以"有"为万物母，去寻求新的社会发现、新的自然发现、新的宇宙发现。

创造者在观察、思考社会、自然、宇宙中，创造者本人要扬起自由思索的翅膀，创造者所处的环境要提供让其自由思考的氛围，去思考、探索新问题。在施展创造思维时，不要受传统观点束缚，不要固执己见，不要受制于书中说的、领导讲的，本着"有"产生于"无"，"无"孕育着"有"的思路，作"重返自然"想，作"返璞归真"想，作"恍兮惚兮"想，作"其中有精"想。唯有此，创造的机理、创造的火光，才能如腾空的火焰闪出光芒来。

林语堂在《老子的智慧》一书中，称老子的哲学是田园哲学，《老子》的风格是浪漫风格。传说中的老子在老年时，是骑着青牛、踩着阡陌田野走向函谷关的，创造的智慧应该像老子思想那样潇洒无羁。

创造者应该具备足够的智力。这包含两方面内容：知识与运用知识的能力。知识是创造的力量，无知的人，胸无点墨，引发不出创造的思考，没有学问的人做不出有学问的文章来。有知还必须有驾驭知识的能力，比如记忆力、思辨力、想象力、研究力等。其中思辨力、想象力尤为重要。不会思辨、不会想象，见"无"不知道其中含"有"，见"有"不知道其中含"无"，认定黑就是黑，不知黑中泛着白，认定白就是白，不知白可转变黑，创造的灵感是永远不会到来的。

需要辨析《老子》第十九章中的"绝圣弃智"的话，人们对此有两种解释：一种认为老子反对知与智，反对聪明；另一种认为老子反对的是巧取豪夺的智、仁义荒唐的智（老子反对仁义，要人们弃仁绝义，即所谓"绝圣"）。老子不是也讲过"大巧若拙"、"大辩若讷"（第四十五章）的话吗？可见老子也是提倡"巧"、"辩"、智慧与聪明的。不要耍小聪明、妄逞智巧，这是老子的一个基本社会主张。他认为人的本性应是真纯质朴、清静淡泊的，是追求经验知识的为学过程在赋予人类知识和智慧的同时，腐蚀了人类的天性，从而产生出诸如追名逐利、尔虞我诈的恶习。尤其是当时作为文化与文明最高体现的仁义礼智这些东西，更是违背人性、产生虚伪的根源，高张仁义之大旗而谋求自己私利的大有人在。老子认为，不如抛弃这些"文明"垃圾，使人民恢复到无知无欲、宁静不争的自然状态，而孝慈、善良这些品德自然会在人类淳厚质朴的人性中得到复苏。老子要抛弃的，是圣智、仁义、巧利这三样全是巧饰的东西，认为它们不足以治理天下。

创造者在创造中还应该具备足够的信心与勇气。有信心去创造他人所未创的事，有必胜之志才有必胜毅力。不少人创造失败了，不是败于其智力不足、环境障碍等，却是败于自己创造意志的不坚定、创造信心的不充分，是自己打败了自己。创他人所未曾创造的事业，是绝不会一帆风顺的，常常要冒失败的风险，冒遭人非议的风险，要有毅力，诚如马克思所说："在科学的入口处，正像地狱入口处一样，必须提出这样的要求：'这里必须根绝一切犹豫，这里任何怯懦都无济于事。'"[1]

创造者要善于思辨，要像《老子》第十一章中所说的那样去观察和思辨问题。他这样说："三十辐共一毂，当其无，有车之用。埏埴以为器，当

---

[1] 《马克思恩格斯全集》，第13卷，北京，人民出版社，1962。

其无，有器之用。凿户牖以为室，其无，有室之用。故有之以为利，无之以为用。"

这句话的大意是：三十条辐共集到一个毂（车轮中心供车轴穿过的圆木）上，因为有了毂中间的那个空隙（无），车才能起到车的作用。揉捏泥土制作器皿，因为有了器皿中的那个空隙（无），器皿才能起到器皿的作用。开门凿户建造房子，因为有了门与窗及室内四壁合围的空隙（无），房屋才能起到房屋的作用。因而，"有"这个东西之所以能给人们以方便，其实都是凭靠着"无"这个东西才起作用的。

《老子》第十一章中的话，从创造思辨的角度说，给了我们以下三点启迪。但是，这三点是相互关联的，很难分清其绝对界限，这里只是为了讨论问题方便起见，才作如此分开论述的。

第一，要有无相资地认识问题。从老子对车、器、室的议论中可以看到，"有"依托"无"而存在。实体的"有"在虚廓的"无"中生存与发展；"无"的变化促使"有"的变化。但是，"有"与"无"是相辅相成的，有无相资，"无"也依赖于"有"才能发挥出"无"的功能，才会随着"有"的变化而变化。自然，这"有"的变化，"无"的变化，都是在特定的时空条件下变化的，也就是说是有规律的，而不是无序的。

从老子对车、器、室的议论中，还可以看到"虚"者衬托"实"，"实"者依附"虚"。一个事物所以与另一个事物相区别，一方面是因为构成事物的"有"是不同的，另一方面是因为构成事物的"无"也是各异的，再一方面还由于构成事物虚实、有无的依托关系不一样。比如，车有它自己的"有"，自己的"无"，自己的虚实、有无关系。同理，器与室也各有自己的"有"、"无"与虚实、有无关系。由此，事物是可以分类的。不同的事物有不同的有无、发生、存在、发展的变化规律，我们研究创造规律便要研究这些问题。

第二，要全面地观察问题，创造思辨的起始点是事物。认识事物、改造事物、创造新事物，首先要善于观察事物。有箴言说："观之目强，看之目弱。"就是说，人的眼睛可分为两种："观之目（全面深入地观察事物）"和"看之目（浮光掠影地看待事物）"。用"看之目"去看事物，只能看到事物的表象，发现不了问题；而用"观之目"去审视事物，才能发现问题、认识问题。显然"观之目"强于"看之目"。

老子看待车、器、室，就能用"观之目"去看，能从"三十辐共一毂"、"埏埴以为器"、"凿户牖以为室"中去认识"当其无"的"有车之用"、"有器之用"、"有室之用"，而不是用"看之目"去看，只看到车、器、室的外表形象，发现不了车、器、室的其中奥秘。

"观之目强"，观察事物一要深入进去看，从不同侧面去看，表层的、深层的、正面的、侧面的，要上下左右不同部位去看；二要以发展的观点去看，不能从静止状去看。"风生于地，起于青萍之末"，要善于从青萍毫末之变去辨别风向季候。老子在第十六章、第五十五章中都讲了"知常曰明"的话。"常"者，规律也，能掌握事物变化发展规律，在事物变化未萌发前便能科学地预见其发生与发展，这是最高的观察力了。我们应力争做到"观之目强"，甚而"知常曰明"。达尔文说："把事实化为一般规律是科学研究最重要、最后阶段的阶段。"创造学所追求的就是认识客观规律。

全面地看问题，实际上是一个辩证思维的问题。老子思想之所以有威力，就在于老子思想含有辩证思维的内涵。学者徐方平在 1986 年第 10 期《学术论坛》论述过这个问题，而且，他把老子与现代科学家如普里高津等人联系起来作分析。他认为，直觉思维有两个层次：一个是建立在形式逻辑基础上的低层次思维，如直接归纳法；另一个是建立在辩证逻辑基础上的，是高层次的直觉思维。他认为老子和普里高津那样的科学家所运用的思维方式，就是属于辩证的直觉思维方式。他认为，老子的"道"是"悟"出来的，这个"悟"，就具有辩证思维的色彩。普里高津等人推崇把"两面神"（辩证）的思维方式与科学顿悟相结合，表现出了他们的思维方式与老子的思想方式的一致性与相似性。老子提出的"有"、"无"概念，都是辩证逻辑的概念。笔者认同徐方平的观点，老子思想中确有辩证的内容，而从事创造必须有辩证意识。

第三，要打破习惯思维看问题。创造活动与习惯思维对立。创造的本质是破旧朽，破陈理，破固定僵死的思维桎梏。习惯思想阻碍人们对陈规旧习提反问题，提不同看法，持怀疑态度，抑制创造思维的发生与发展。习惯、沉重的思维定势是创造的大敌。

创造与逆反思维有缘，创造总是与追求新奇、丰富想象联系在一起的。

为此，激发创造就要破除安于现状的束缚牢笼，换个新环境，变个新视角想问题。在现实社会中，社会生活信息是大量的，对人的影响是经常性的。出于自发的心理防御与适应性，人们对于大量的外部刺激将会逐渐变成淡然、机械和迟钝，形成惯性反应，钝化了求新意识和好奇欲望。这对创造是很不利的。为此，要自觉地勤思考、勤发问、勤质疑，如老子那样作"有生于无"的思考、发问、质疑。为此，还要唤回本来存在的对感觉世界的灵敏好奇和敏锐的观察力，淡化以往的经验，丢弃惯用的思维程式，如老子所说的那样"返璞归真"。

美国学者 R. 帕斯卡尔与 A. 洛索斯写了一本名为《日本企业管理艺术》的书，赞赏老子第十一章中那种打破思维惯式看问题的思想。他们是就企业管理艺术发表议论的，其中有三个观点值得人们注意。

第一，两位学者认同老子从空间角度去认识"无"的重要性。他们借老子的"当其无，有车之用"为议题说："如果置身事外，会更了解事物的真相"，"如果我们能迈入'无我'的境界，则可置身事外，而洞察客观情况的全貌"。

第二，两位学者在老子"有生于无"思想的启发下，提出了时间概念上"无中见有"的问题。他们引用了日本的一句名诗"春（间）已来临"后说，括号中间的那个"间"不发音，是虚音，是虚词，表示音阶上的停顿、语音中的休止，是音节上的"无"。但这个"间"、"无"，说是无声却有声，有其存在的现实意义。它提供人们作"间"的思索、"无"的联想，"春（间）已来临"，利用这个间隙供你作春的桃红柳绿的联想，作鸟语花香的联想，作各种各样对春的感受的联想，以形成创造思维。

第三，两位学者是对比看美日管理思维的不同，来讨论破习惯思维问题的，说明了老子思想具有无比的管理魅力。他们说，西方人看事物是从"有"去形容"无"，从已知去形容未知，比如拿椅子和桌子为例，有椅子、桌子实物的"有"，才对应出椅子、桌子空间的"无"，而日本人承认老子思想的正确性，认为"无"有它自己的存在，因为有椅子、桌子的"无"，才显示出椅子、桌子的实体形状及可用性来。帕斯卡尔等两位还举禅园景色为例，以说明他们的观点：园中有一个由一片鹅卵石砌成的池塘，池塘边耸立着几块大石头，以此构成了一派美丽景色。去游玩的西方人看到的只是池塘、石头，而日本人却注意到了构成池塘、石头美景和美感的周围空间。帕斯卡尔两位学者认为上述认识问题的方式，就是一种管理艺术，很值得仔细琢磨及采用。

帕斯卡尔等两位借老子思想议论企业管理的艺术问题，给人启发的地方很多，从事企业管理，从事发明创造，切忌用惯性思维。《庄子·外篇·天地》中有一则抱瓮灌畦的故事，说明了习惯思维的危害。这则故事讲的是有关提高工效的事，却与企业管理中经常议论的如何提高管理效率有相同的主题。故事是这样的：子贡巡游，在旅途中见到一位老人在菜园里浇水。老人先挖出一个地道到井边，然后抱着瓮罐俯身取水，再抱罐到菜畦里浇水。子贡对老人说，这里有一种提水装置，它后重前轻，机械动作，使用方便，提水效率高，一天能浇一百畦地，这种既省工又省力、又快又好的机械为什么不用呢？老人不高兴却强作欢颜说，听我老师说，用机械会使人心术不正、心神不宁，我不是不知道机械的作用，但我不能违背原来心态去做。这位老人囿于"老师说"，囿于"原来心态"，囿于陈腐观点，抱残守缺，阻碍了新鲜事物的采用，抑制了发明创造，是可叹可悲的。

用逆向思维方式思考问题，并不是说正向思考没有意义。正向思维作为思考问题的一种方式永远是需要的。"有名天地之始，无名万物之母"；"有无相资"，"奇正相生"，奇正互用才能相得益彰。然而，从创造学的角度来说，在异常情况下，逆向思维较正向思维更值得注意。

计数，相加是一种方式，相减也是一种方式。一般情况下顺数计时，但特殊情况，如发射火箭却要倒数计时。激励职工一般做加法文章，奖赏是加法；但据情况有时也要做减法文章，惩罚便是减法。当然，惩罚说到底也是为了凝聚众力。再有，企业一般如此计酬：定下一个月工资，少干一天活扣发一天工资。但也可这样计酬：在原月工资基础上除以月工作日得出一个日工资额，然后据工人出勤情况，干一天得一天工资。前者做的是减法题，后者做的是加法题，实质一样，但从心理学角度说效果就不一样。还有这样一则故事：一母生二女，大女嫁给伞店老板，小女嫁给染坊主管。于是，老太太天天发愁了，晴天为大女儿家着急，怕没了伞生意，雨天又为小女儿发愁，怕晒不干顾客洗染的衣服。一位聪明人一番开导解开了老太太紧锁的眉头。他恭维老太太福气好，说雨天大女儿家生意兴隆，说晴天小女儿家顾客盈门，说得老太太满心欢喜。这个聪明人的话是"善救人"（第二十七章）的话，其思想是用逆向思维做工作。

用逆向思维思考问题，符合唯物辩证思想。事物总是多侧面的，从一个方面想问题视野窄，而多侧面想问题，路子就宽广得多了。《三国演义》赤壁之战的故事告诉我们，三天之内工匠造不出十万支箭，但孔明草船借箭一天就解决了问题，这就是逆向思维的效果。再举个有趣的例子作说明。参观动物园时，动物关在笼子里，参观者自由地走在参观路线上。假如换到自然动物园中去考察狮虎等动物状况，此刻，被关的恐怕就不是动物了。为了参观者的安全，应该是人被关进笼子（汽车）里，狮虎们则自由出没在山林里。

从企业管理来说，由于科学技术发展迅速，经济竞争激烈，市场变化激荡，管理面临的不确定因素很多，用原有那套思考问题的方式已不灵了，需要创造思维。现实生活中有人安于现状，用常规思想行事是大量存在的，如企业经营机制有问题却不思改革，组织结构不合理也不思改组，技术工艺落后不思改造，管理方法不正确不思改善，经营管理思想不合时代也不思转变。这些都必须转换观念、转换思维方式才行。用产品经济时期所形成的观念，去对待市场经济条件下发生的事是注定要失败的。

四 做梦思维与模糊思维

在"有生于无"的创造过程中，恍惚、朦胧起着神秘而又现实的作用。让我们再引证《老子》第二十一章中的话："'道'之为物，惟恍惟惚。惚兮恍兮，其中有象；恍兮惚兮，其中有物。窈兮冥兮，其中有精；其精甚真，其中有信。"老子这段著名的话，道出了在"道"的形成中"恍惚"、"窈冥"的价值，"有象"、"有物"、"有精"、"有信"的创造机理。

恍兮惚兮、窈兮冥兮的表征是朦胧。这朦胧在实现无转化为有的过程起着特殊的作用。从潜意识到前意识再到意识，其中"有象"、"有物"、"有精"、"有信"那些东西，是在朦胧中逐渐明朗的。如同黑夜转化为白天一般，黑天，朦胧中见晨曦，然后天大明。

人是智慧动物，是万物之灵。其智慧、灵气在于人有思维，有潜在智能。但聪明思维、潜在智慧只有通过开掘才能喷发。这个开掘，就有一个从暗到昧到明的过程。

我国近代著名学者王国维讲，人们做学问要经历三种境界："昨夜西风凋碧树，独上高楼望尽天涯路"，此谓一境；"衣带渐宽终不悔，为伊消得人憔悴"，此谓二境；"众里寻她千百度，蓦然回首，那人却在灯火阑珊处"，此谓三境。如果把这段妙语，借用到创造意境中来，便活灵活现地把创造过程的形态勾画出来了。"独上高楼望尽天涯路"，说的是创造者奋斗追求；"衣带渐宽"、"为伊消得人憔悴"，描绘的是创造者创造的意志、毅力与艰辛；那三境，"千百度"，"蓦然回首"，"却在灯火阑珊处"，描述了最终发现那人时的喜悦。这个从高楼眺望寻觅到发现他在灯火阑珊处，就是一个从暗经由昧到明的创造过程。这里有将尽未尽的阑珊朦胧，有"丝莞阑珊归客尽，黄昏独自咏诗回"（李群玉诗）的隐约。实现创造，朦胧是一个不可或缺的环节。

人们在思维活动中，经常有这样的感受，在冥思苦想中，在似乎是穷途末路时，一个灵感突然来了，一个幻想突然来了，一个智慧火花突然地闪烁了一下，于是赶快逮住这个灵感、幻觉、火花，再经过一番加工，使之形成一个新的认识，从而解决了梦寐以求想要解决的那个问题。一个新思维在诞生中求索、恍惚、灵感常常是同时发生的。

有无结合有激发思维的神功。比如常建的诗《题破山寺后禅院》说："清晨入古寺，初日照高林。竹径通幽处，禅房花木深。山光悦鸟性，潭影空人心。万籁此俱寂，但余钟磬声。"它意象交融，虚实交融，有无交融，禅味十足，引发人们多少窈兮冥兮的遐想。

人世间不少人信奉气功，气功就是以老子"道"为学说、"恍惚"境界为其理论基础的。作家柯云路写了《大气功师》的小说，在那里，他把老子的"惟恍惟惚"说得很神。小说是文艺作品，虽不能完全作凭，但是，"恍惚"的意境却是人们做气功，为了健身养性忘却凡尘烦恼的一种超脱，有神功却是真的。关于这点在本书第六章还要作专门讨论。

人们思维活动中常有这样的感受，在静夜中思索问题，在"明月林间照，清泉石上流"的氛围中捕捉灵犀，常能收到良好的思维效果。夜是朦胧的，夜的作用很奇特，万籁俱寂，虫鸣唧唧，风吹树影婆娑，一片怡静景象。人躺在床上，过滤着白天尘埃，沐去人间喧闹。有月亮舀一勺如水月光，有星星采一颗晶晶的星珠，融入自己的身心中，伴着自己进入神奇的窈兮冥兮的幻境中，这时，有时会冒出一个个荒诞想法来，有时会把白天怎么也想不清的问题想出一点灵光来，有时会生发出一个可贵的悟性来。这"荒诞"、"灵光"、"悟性"，五光十色，正是进行创造的重要原料，煞是有用。

美国科学家杰·哈德森说，人有三种思维状态：第一为睁眼思维；第二为做梦思维；第三为"临界思维"，又称"卧思"。卧思可以开拓智慧，发展创造力。前面说的静夜卧思的作用，其临界思维的功效是符合现代科学解释的。

杰·哈德森说的"做梦思维"，梦，属于恍兮惚兮的东西，对发展创造思维也有极大作用。什么是梦，人们的解释甚多，弗洛伊德氏析梦，荣格说梦，周公解梦，老庄论梦等等。有人说梦是超于眼、耳、鼻、舌、身外的第六感觉。眼识色，耳识声，鼻识香，舌识味，身触事物。这第六感觉的梦体验认识上述五种感觉以外的感觉，如直觉、超感觉、前意识、潜意识等，即关于意识方面的感觉。这第六感觉就是属于哈德森所说的"做梦思维"的一种思维。老庄的"恍兮惚兮"说，就是对梦的一种比照。老庄的梦论把对人的思维世界的探索与现实世界的探索联结起来。庄周梦蝶的故事就是这样的一种联结，通过恍兮惚兮境界把人的思维潜能发掘出来。

梦能启发人的创造意识。德国化学家凯库勒在芳香化学、有机化学上有重大建树，就受益于梦的启示。关于这点他说："先生们，让我们都学会做梦，这样，也许我们会发现真理。"英国剑桥大学学者对在不同学科中学有所长的科学工作者作调查，了解他们的工作情况与生活习惯，其结果是，其中有70%的人曾经从梦中得到过启示。

日本有的企业在墙上赫然写着梦、忠、和三个大字作为企业的追求。忠，要企业员工忠于公司；和，要企业员工团结一致；梦，要企业员工有美好的理想、美好的向往。尽管这里的梦不是纯恍惚意义上的，但它确实内含着几分构想的情愫。

与恍惚、朦胧有关的还有两个概念——糊涂和模糊。它们在创新中的作用也值得研究。先说糊涂。它一般被认为是一个不好的词，其实，从创造学角度讲，有限的糊涂并不是坏事，而且该褒不该贬。老子是提倡大巧若拙、大辩若讷的。郑板桥还讲过"难得糊涂"的话。郑氏的话，有人将它作明哲保身的遁词，认为不管大事小事，逃避矛盾，都装糊涂，这不可取。但是，遇事不要自作聪明，糊涂地问个为什么，却有创造意义。美国管理学家赫茨伯格有一句名言："没有糊涂便没有创造。"美国夏威夷大学一位心理学家认为，有限的糊涂对于引发人的创造力，导致事业的成功大有好处。这位心理学家还摆出了人需要有限糊涂的五点理由：（1）人们的创造往往在凌乱的环境中滋生，忍受某种程度的凌乱，可以促使你有更多时间去专注于某项更重要的工作；（2）对事物态度较随和的人，不严格要求完美的人，通常胸襟比较开阔，能够接受别人意见，容易见机应变，不会过于执拗；（3）一个随便而开放的人，人际关系较佳，有利于搞事业；（4）凡事不太计较的人，在婚姻爱情方面也较易获得成功；（5）不过度注重调理生活态度的人，可以减少焦虑，使之有更多时间去享受人生。这位心理学家讲的颇有道理。是的，如老子所言，大巧若拙，拙也是一种巧。

再说模糊。模糊也是一种聪明，模糊能引发创造。有一门新兴学科叫模糊学，就是专门研究模糊机理的。《伊索寓言》中有一则故事说，伊索的主人一次酒醉后狂言，声称可以喝干大海的水，并以个人全部财产作赌注与人打赌。酒醒后，他自知失言后悔不已，于是，伊索为主人献上一则解危之策，要他主人到海边去，对看热闹的人和与之打赌的人说："我再说一遍，我能喝干大海的水，可如今千万条江河上的水汇集到大海中来了，谁只要能把河水、海水分开，我就把大海的水喝个干净。"终于使主人摆脱了困境，保住了财产。伊索为其主人献上之策，就是属模糊学的问题。模糊在引发人们机智和聪明中有着重要的意义。

人们一般追求精确，当然若能精确自然是好事。但是，社会现象、经济现象、管理现象是很复杂的，常常很难用精确的数字、准确的语言表述出来。若勉强为之，有时反而显得繁琐不得要领，甚至越说越糊涂，不如用一个或若干个、一句或若干句模糊词藻或语言，如《老子》第二章中的那些词——有无、难易、长短、高下表述之更为清晰、明白，更具使用价值。党的十三大指出，社会主义初级阶段，"从五十年代生产资料私有制的社会主义改造基本完成到社会主义现代化的基本实现，至少需要上百年的时间"。邓小平同志也指出："我们搞社会主义才几十年，还处在社会主义初级阶段。巩固和发展社会主义制度，还需要我们几代人、十几代人，甚至几十代人坚持不懈地努力奋斗，决不能掉以轻心。"[①] 这些都是使用模糊语言的典范，它既可以让人产生奋斗的动力，又明确了任务的艰巨性。

现代管理追求精确和量化，但无法否认老子提出的模糊思维的意义。模糊是指非绝对化、非极端化，认为两个极端值之间是连续变化的，没有确定的表现形式。模糊思维是具体情况具体分析的灵活性，是待人接物的一种成熟的智慧。水至清则无鱼，人至清则无徒。一个开饭店的老板，员工背着他卖了几个酒瓶，为了体现自己洞若观火的能力，他狠狠地批评了该员工并将几个酒瓶钱从员工工资中扣除。其结果是，许多员工离他而去。

从模糊思维的过程来看，人的大脑具有一种执行不精确指令的能力，它具有概念思维和体验把握两种工作方式。这种模糊性就思维的趋势而言带有很大的不确定性，它究竟向着哪一极发展，决定于当时的环境和条件，在处理人的问题中，必须立足于多种选择，而不是把问题推向极端。管理的对象是人，管理思维的对象是人的大脑意识和心灵活动，它所表现出来的主要是思想感情、人的性格、人的思维以及潜意识等一些抽象的、难以捉摸的东西，它摸不着、看不到，所发出的信息具有模糊性，在外界的影响下，这种亦此亦彼的现象可以向一极转化，也可以向另一极转化。要弄清楚这些东

---

① 《邓小平文选》，第三卷，北京，人民出版社，1993。

西，人们只能依据自己大脑中的许多模糊体验，而不能像对客观存在的某些实物那样给予精确的概括和测量。

认清人的大脑和心理的这一特殊性，对于我们在管理工作中正确决策，恰当处理人际关系，化消极为积极是必要的。管理者必须面对本质上是模糊的问题进行模糊化处理，冲破传统的思维友式，针对具体情况，通过模糊分析、模糊评判、模糊把握的模糊思维，恰如其分地处理那些来自人们自身的、必然的模糊问题，寻求两个对立的极端值之间的、与现实问题相吻合的中间状态，不要将问题极端化，在决策中寻求"满意解"，而不是"最优解"。

模糊思维并非就是粗疏大意，而是战略上藐视，战术上重视。《道德经》第六十三章讲："天下难事，必作于易，天下大事，必作于细。是以圣人终不为大，故能成其大。夫轻诺必寡信，多易必多难。是以圣人犹难之，故终无难矣。"意思是，天下的难事，一定从简易开始；天下的大事，必定由细小开始。所以，有"道"的圣人永远不认为自己在做大事情，才能成就大事。轻易应诺别人的要求，一定很少遵守信约；把事情看得太容易，遇到的困难就一定多。因此，有"道"的圣人（遇到事情）都把它看得艰难，所以才永远没有困难。

创新的思考方式有很多，大致可以分为两大类：软性思考与硬性思考。属前者的有"模糊思考"、"隐喻思考"、"想象思考"等；属后者的有"精确思考"、"线性思考"、"逻辑思考"等。多数人不喜欢模棱两可的表述，认为它会带来沟通上的困难，但在创造学中，模棱两可的模糊，却能刺激想象，可能是这样，也可能是那样，使考虑问题多元化。为了激发自己的创造力，不妨把自己扮演成"傻子"，纵然装疯卖傻的想法不能立竿见影，但是总有一天，愚蠢的想法会变得更加踏实而富有创造性。

恍兮惚兮，朦胧神功。让我们利用恍惚，学会朦胧，置疑设问，把握模糊，激发、创造出智慧来。

让我们遵循老子的"无"论思想，道法自然，恍惚，朦胧，置疑，设问，作创造技法的探索，得如下几法：

第一，事物优缺点放任列举创新法。任何事物都会有优缺点。没有羁绊、框框地如老子所提倡的放任，对事物作吹毛求疵的挑剔，列数事物的缺点。然后筛选其中主要的缺点，一个或若干个，克服之或改善之，构想出一个新的事物来，这是缺点放任列举创新法。同理，还可推导出优点放任列举创新法，把事物优点无顾忌地摆出来，然后作随想，找出一个或几个优点，培育它，发展它，优上加优，锦上添花，添出一个新的事物来。实际上，事物克服缺点与事物优上加优常常是一致的。所谓一个问题的两个方面，这里是从不同侧面说的。

第二，事物希望放任列举创造法。创造者站在创造物立场上放任地构想，超脱自我，恍兮惚兮，如庄周梦蝶般，从"蝶"的角度，希望"我"是什么模样的，作各种各样的希望设想，而不管其设想希望是大是小，实现之是难是易，实现条件是好是坏，然后返回生活，返回现实，复归自我。对各种美好设想进行过滤和筛选，择其重要的、易实现的、实现条件最充分的作为创新对象，进而努力实现这个创新。

第三，事物反朴元素分合创新法。"反朴"，老子语言，"敦兮其若朴"（第十五章），"复归于无物"（第十四章），意思是说回归事物的纯朴面貌。按老子的观点，"万物负阴而抱阳，冲气以为和"（第四十二章），任何事物都包含有阴阳两个精气，它们对立地存在，又激荡而统一在一起。所谓反朴元素分合创新，就是把构成事物的阴阳等元素分解出来，然后"冲气以为和"重新组合形成新的事物。因为构成事物的元素是多个的，而且是分层次的，于是在分解组合创造新事物时，可视需要作层次分解、元素分解。例如，在带盖茶杯的基础上构想新的茶杯，于是，可把茶杯作第一层次分解，分解成杯盖、杯身两个元素，然后组合出两种茶杯，或有盖的，或无盖的。假如需要再作分解，就杯身来说，就可分解为杯体和杯环两个元素，于是可组合出有环茶杯与无环茶杯两种来，如此等等。在元素分合创新时，还可对原来元素进行修正、改造、完善和补充，如修正其形状，改造其功能，完善其质地，补充新的要素。仍以茶杯为例，如杯体变无花纹为有花纹等。

第四，事物反求创新法。老子说："当其无，有车之用"，"当其无，有器之用"，"当其无，有室之用"。考察事物，要从正方位看，还要从侧方位看。创新要有正思路，更要有逆思路，换个新环境，换个新视野，换个新角度，就会出现一个世外桃源的境界来。这样想山穷水尽，那样想就柳暗花明。

第五，事物置疑、设问创新法。置疑、设问就是对事物，哪怕是明白无误的事物，也恍兮一番，糊涂一番，提个问题"是这样吗？""何以是这样？""还能作其他变化吗？""怎样进一步完善它？"等等。在整个创造中不断地作这样的发问，使"？"号拉直成"！"号，以此激发创造思维。这种方法，西方人称之为 5W2H 法，即设七个问：（1）为什么要改进（why）？（2）往哪方面改进（what）？（3）从何着手改进（where）？（4）谁来承担改进任务（who）？（5）什么时候完成（when）？（6）怎样实施（how do）？（7）改进的期望要求有哪些（how much）？我国教育学家陶行知在总结他做学问的经验时，提出了向"八贤"求教的诀窍。这"八贤"是："我有几位好朋友，曾把万事指导我，你要想问真姓名，名字不同都姓何：何事、何故、何人、何如、何时、何地、何去，好像弟弟与哥哥，还有一个西洋派，姓名颠倒叫几何，若向八贤常请教，虽是笨人不会错。"①

第六，事物抱一联想创新法。"抱一"借用的是老子的话，《老子》第十四章中说"混而为一"；二十二章中又说"抱一为天下式"，是指事物是混为一体的。我们这里所说的"一"指事物本体。"抱一联想"是说，从事物本体出发作各种联想以创新。（1）直接联想。如从蛇体联想，发明了蛇形管。（2）间接联想。如从神话念咒作联想，开发声控装置。（3）因果联想。如根据合成树脂加发泡剂形成发泡塑料，还有人根据发泡原理，进行类

---

① 陈春逢：《人才战略纵横谈》，北京，中国展望出版社，1986。

比联想，发明了由发泡剂与水泥合成的发泡混凝土等。上海和田小学培养学生的创造精神是这样做的：在这个"一"的基础上作"加一加、减一减、扩一扩、缩一缩、变一变、改一改、联一联、学一学、代一代、搬一搬、反一反、定一定"的联想，即在这个"一"的基础上问，能否加些什么？减些什么？扩展些什么？缩小些什么？能否变化其中某些模样？更改些什么？联结些什么？模仿他物些什么？用他物代替些什么？搬动挪移些什么？反对些什么？肯定些什么？以创造出一个新的"一"来。

第七，集体作事物放任随想创新法。就是组织多人（最好 5 ~ 8 人），或以开会形式，或以组成研究小组形式，针对一项创造事物，让大家畅所欲言地发言。这里可以相互启发，可以作连锁反应与思考，但应禁止讥讽，暂时谢绝讨论争辩，鼓励大家恍兮惚兮发挥想象力，发表千奇百怪的意见，直至让众人把心中的点子掏空。此刻再组织讨论，以筛选创新方案。

第八，事物制表画画思考创新法。制表，就是把创新思考中的一些线索，用文字、表格形式记录下来，如在把对事物作放任思索中分析到的种种缺点、优点、希望、置疑、设想、联想等，整理记录下来，供分析研究用。画画，就是把上述种种优点、缺点、希望、置疑、设问、联想用画画的形式表示出来，这个图示不求规范和美观，只求把种种创新思索及其关系用各种线条、图形、箭头等勾画出来，也起着整理思路、辨明关系、激发创造的作用。还有另一种更值得注意的画画创新技法，这种画画不是简单地整理创造思路，而是把自由放任的创造思维，由意识状直接转化为文字状、图像状。放任创造思维是由大脑来完成的，大脑的左侧反映的是逻辑的（演绎、推理）、分析的思想方法，大脑的右侧主管形象的（直觉、预感）、综合的思想方法。也就是说，文字整理与左脑有关，图像整理与右脑有关。如此左、右脑结合，通过信手画画，信手写字，把大脑中的创造思维描述出来，这对激发创造智慧是很有意义的。

第五章

反其道而行之

反者道之动，弱者道之用。天下万物生于有，有生于无。

——《老子》第四十章

真茗渝大方無隅大器晚成大音希聲大
茗谷大白茗辱廣德茗不足建德茗偷質
有之明道茗昧夷道茗頹進道茗退上德
士聞道大哭之不笑不足以為道故建言
上士聞道勤而行之中士聞道茗存茗亡
有生於無
反者道之動弱者道之用天下之物生於有

反者道之动，弱者道之用

一 "反者道之动" 与管理 "悖论"

　　"反者道之动"是老子的一种朴素的唯物辩证思想。"反"构成了老子辩证思想的核心。我们借用老子的这个"反"字，做管理哲学的辩证文章，做管理艺术的文章。

　　"反者道之动"，在《老子》第四十章中这么说："反者'道'之动，弱者'道'之用。"译成现代汉语的意思是："道"的运动是相反相成、循环往复的；"道"的作用是感觉不出力量的"柔弱"。

　　"反"，其实，在这里可作三种含义理解：相反相成，物极必反，返（反返同义）朴归真。但是，这三种反，在反者"道"之动中被统一了，被融合了，就是说，这"反者'道'之动"的"反"，既含有事物相反相成、对立统一的意思，又含有事物必然要向相反方向转化、发展的意思，还含有事物反本究源、复归自然的意思。老子认为，自然界中事物的运动和变化莫不依循着一定规律，而"反"就是其中的一个规律。它的含义是：任何事物都是在相反相成的状态中出现的，如静与动、虚与实、弱与强、柔与刚等等，这种相反相成的作用是推动事物变化发展的力量；同时，一切事物的变化发展都向着它的起始反复，而这个起始便是虚静。老子认为纷繁的事物只有返回根本、持守虚静，才能避免烦扰纷争。如果用马克思主义哲学来解释，老子的这一思想至少包含了唯物辩证法的三大规律中的两个：对立统一规律和否定之否定规律。按相反之意来理解就是说事物的发展动力来自事物内部矛盾；按返璞归真之意来理解就是说事物在经过否定之否定后似乎又回到了原来的起点，事物发展的趋势和道路有向对立面转化的趋势。

　　老子强调"反"，就"反"这个字来说，在《老子》其他若干章多处可见，如第十六章"万物并作，吾以观复（万物都在蓬勃生长，我因此观察到了循环往复的规律）"，第六十五章"'玄德'深矣，远矣，与物反矣，然后乃至大顺（'玄德'这个东西是至深至远的，它和世界上的巧智伪诈相反，最后达到复归真朴的顺和境界）"。大顺就是自然，老子在这一章中，强调的仍然是一种合于自然、真朴的为政之道。他认为，政治的好坏决定于统治者的方针。如果统治者崇尚巧智，那么人们便会互相伪诈，彼此贼害；如果统治真诚朴质，并且崇尚"愚民"政策，则政风才会良好，人民才会相安无事，社会才会趋于安定。老子所崇尚的"愚民"政策，非一般人理解的使人民愚昧，他之所谓"愚"，实际是指真淳、自然、朴质，正如第二十章所谓"我愚人之心也哉"。他不仅期望人民真淳朴实，而且更要求统治者真淳自然。

事物对立统一、对立发展，万物背阴而向阳，阴阳二气互相激荡而成为新的和谐体。这样的辩证思想在《老子》一书中处处可见，是统率《老子》全书的红线，只是，"反"是其中一个核心罢了。

据詹剑峰《老子其人其书及其道论》一书所示，他列出的对立统一的概念主要有36对，即道与名、一与万、变与常、有与无、虚与实、阴与阳、刚与柔、动与静、进与退、往与复、终与始、得与失、盈与虚、牝与牡、雌与雄、强与弱、难与易、长与短、高与下、前与后、开与合、敝与新、洼与盈、大与小、少与多、行与随、嘘与吸、载与隳、歙与张、废与兴、取与予、明与昧、损与益、福与祸、善与恶、利与害等。其实，还远不止这些，比如正与奇、白与黑、荣与辱、曲与直、巧与拙、辩与讷、为与不为、争与不争等。

老子的上述对立统一概念，散布在《老子》全书各个章次中，其中辩证思想讨论得比较充分的有第二章，"有无相生"的话便是在那里讲的；第四十章，"反者'道'之动"语出于此；"曲则全，枉则直"（委曲反而能保全，弯曲反而能伸直）见于第二十二章；第五十八章讲了著名的"祸福倚伏"的话；第六十四章说了"合抱之木，生于毫末"那样的箴言；"信言不美，美言不信"（信实之言不刻意追求辞藻华美，刻意追求辞藻华美之言不信实），语出第八十一章，如此等等，不胜枚举。在第十一章、第二十七章、第三十章等都有精彩论述。

《老子》第七十八章说了一个很独特的思维命题："正言若反"，正面的话好像是相反的，这实际也是在讲关于事物相反相成的理。《老子》全书作"正言若反"说的很多，其中以第四十一章、第四十五章最为集中，如明道若昧、进道若退、夷道若纇、上德若谷、广德若不足、建德若偷、质真若渝、大白若辱、大方无隅、大器晚成、大音希声、大象无形、大成若缺、大盈若冲、大直若屈、大巧若拙、大辩若讷等。意译为，明显的"道"，好像很暗昧；前进的"道"，好似后退；平坦的"道"，好像很崎岖；崇高的"德"，好似低下的山谷；广大的"德"，好像不足；刚健的"德"，好像怠惰的样子；充实的"德"，好像空虚一样；最洁白的好像污黑，最方正的反而没有棱角；最重的器物总是最后才完成；最大的乐声听起来反而少有声音；最大的形象反而看不见形体；最正直的东西好像是弯曲的一样；最灵巧的东西好像是笨拙的一样；最好的口才好像是不善言词一样。

《老子》中的"反"论，内含丰富的辩证思想，给我们企业管理的启发与思索是无穷的。

企业管理普遍地存在着对立统一现象，需要用辩证思想予以解决，当代西方的一些管理学者提出管理中有"悖论"现象，或称之为"管理工作固有的两难处境"。美国学者托马斯·J. 彼得斯等著的《探索企业的成功之路》作如是说。这"悖论"、"两难处境"，也有被称为"二律背反"的。也就是说，一件事这样管理了，解决了甲矛盾，却产生了乙矛盾；若那样处理了，解决了乙矛盾，却又出现了甲矛盾。其实，这悖论也好、两难处境也好、二律背反也好，说的就是我矛无坚不破、我盾无锐可摧的矛盾问题，是属于矛盾分析中的一些问题。

企业管理中充满着矛盾问题。关于这些，在这本书的前面几篇中已有很多处反映了。比如在"坐而论道"中提出的文化可道与非可道的关系、硬管理与软管理的关系；在"孔德之容"中提出的无为与有为的关系、集权与分权的关系；在"以柔克刚"中提出的柔胜与刚胜的关系、不争与胜争的关系；在"无中生有"中提出的无与有的关系、正思维与反思维的关系等等。本篇"反其道而行之"和下一篇"上善若水"中，都会讲到许多矛盾分析问题。

企业管理中存在着很多"悖论"现象，再列举若干例：

第一，计划与市场问题。从宏观调控方面而言，国家不能没有计划与干预，国家需要国民经济综合平衡，总供给与总需求平衡，生产与消费平衡，第一、第二、第三产业间平衡，内需与外贸平衡等等。没有国家干预，市场调节手段的自发性、盲目性、滞后性就会显现。但也需要发展市场，没有市场，计划没有根据，国民经济也无法活跃繁荣。这两者关系如何摆，就是一个两难境地的处理问题。总的来说，要在社会主义市场经济体制下，充分利用国内国际两个市场，发挥计划与市场两种资源配置手段，更好地为国民经济持续、健康、快速发展服务。

第二，国家利益与企业利益关系问题。国家，民之归宿，国家利益是重要的。企业，国民经济之基础，企业利益也绝不是无足轻重的。有两句话："大河不满小河干"，"小河有水大河满"，各有各的道理，如何处理好这大河与小河的关系，也是一个二律背反的问题，要根据情况协调处理，但要服从大局利益。

第三，企业利益与职工利益关系问题。这个问题的性质与上述类似。这两者间也有一个如何处理的问题，不顾及企业积累，不顾及职工利益，这不可取，只讲职工好处，不考虑企业发展也不可取，要处理好这个"悖论"问题。

第四，企业领导与企业职工的关系问题。有两句对立的名言说："将者，民之司命"，"间于天地之间莫贵于人"。还有过这样的争论，"干部决定一切"，"群众决定一切"。显然，这两句话是矛盾的，但它们在一定条件下又各自成立，这个相悖的命题，在管理中须善于处置。

第五，职工的必争天下先精神与甘为孺子牛精神的关系。必争天下先精神值得提倡，唯有如此才能产生无限进取之力，才能进步。甘为孺子牛是鲁迅的警句，为国家、为人民利益不求名、不计利，默默奉献，这是一种高尚情操，也值得赞扬。那么，具体在一个人身上，又如何融合呢？难道只能是非此即彼吗？恐怕不是。

第六，企业的利润目标与社会评价目标的关系问题。办企业的人一般是以利润最大化作为追求目标的，希望赚钱越多越好。殊不知，这种过分追求是会得罪用户和社会的。所以，有头脑的企业家，提出塑造良好的企业形象为自己的追求目标，以博取社会的好感。当然，这样做，也不是说就排斥利润，没有利润企业也无法存在，问题是要将企业的二律追求统一协调起来。

像上述"悖论"现象，在企业管理中几乎处处存在、时时存在，只不过矛盾有轻重、问题有巨细罢了，列上述矛盾只是择其要者而已。《老子》第四十二章中说："万事负阴而抱阳，冲气以为和。"说得好，任何事物都是由对立的两个面组成的，只有善于冲气协调才能使事物处于和谐的气氛中。

二 "音声相和" 与管理艺术

"负阴而抱阳，冲气以为和"，虽是哲学问题，但这里有艺术。

管理的一切问题皆与哲学有关。管理者不管意识与否，你在管理中的所作所为，都是遵循着某种哲学观而行动的。拿处理上面所讲的企业管理各种矛盾现象来说，管理者肯定被某种思想支配着去这样做或那样做。

矛盾是宇宙、天地、人世、社会中存在的普遍现象，其中也包括管理，研究解决管理中的矛盾问题是管理学的题中之义。

经济活动中，管理主体存在矛盾问题，如管理者素质问题。管理客体不管是人、是物、是人与物结合而形成的事，都有矛盾问题。就是管理本身也有矛盾问题，如管与不管的矛盾，管多管少的矛盾，管理的科学性与艺术性的矛盾等等。

关于管与不管、多管与少管问题。企业需要不需要管理？提这个问题似乎是荒唐的。组织生产经营活动，为了使其有秩序地进行，焉有不管理之理。但是确实有个管理的严格与放任的区别，管多与管少的区别，即如何管的问题。借口企业需要充分调动下层、职工积极性，实行放任管理放弃领导不对，这样会产生自由主义；借口企业需要秩序，实行严格管理排斥宽松也不对，这样会产生官僚主义，扼杀下层积极性。关键是二者要"冲气以为和"，要注意度。

关于管理的科学性与管理的艺术性问题。这是一个很有争论的问题。有人说，管理不是科学，因为它赖以存在的社会条件、内部条件很不固定，多变而常异，很难找到管理有一个规范的内容，人们只能描述其活动，而不能科学地界定其活动，所以它不能成为科学。也有人认为，企业管理中有科学，企业管理是科学，企业从事生产经营活动有规律可循，结合就是规律，生产要素投入，经过工艺转换，产出新产品是规律。讲规律就是讲科学，遵循规律就是遵循科学。借用老子的话说，就是"道法自然"的问题。道法自然，顺乎规律，却是不能随意胡乱而来的。供产销缺其中之一，生产经营活动就无法进行；无生产要素的投入，转换与产出就成为不可能。笔者认为，管理是科学，它必须在规律许可范围内见机行事、据情行事，管理才能产生实际效果，才能产生力量，但如何行事，这里有艺术。

管理既是科学又是艺术，这是因为它具备如下特性：

实践性。管理发生在实践中，企业据其所处的生产经营条件、外界条件、内部条件、时间因素、空间因素，制定生产经营目标；又据生产经营的现实状况执行、修正、完善和实践其目标。因此，有管理是实践科学之说。如何制定好、执行好、修正好、完善好、实践好生产经营活动，这里便是艺术问题。

智慧性。假如把科学理解为定量、标准、定额、规章制度、程序控制、精确模型等的话，那么运用好这些科学数据、硬性要素、规范模式进行智慧加工，作软性思考，有效设定管理目标，设置组织机构，运用领导手段，行使激励行为，实施管理过程，控制管理秩序等等，就是艺术问题。

权变性。管理的环境因素是多变的，与之相应，管理要以变应变。能以变制胜者谓之神，这里也有艺术问题。

创造性。艺术作何理解，艺的意思是才能，艺术是才能运用之术，即技艺。画家画出一张出色的画，作家写出一部好小说，这都是艺术创造。不同的歌唱家对一首曲子各自有各自的艺术处理而唱法各异。同样，不同管理者对同一件事，因才能技艺处理不同而管法不一，这都是因为创造思维起作用的结果，因此它有艺术性。

思辨性。思辨事物的特殊性以及与他事物的相关性，思辨事物内在的对立统一关系等等，然后才能做出正确的处理。如何处理好事物的矛盾关系，这里也有艺术。

管理是科学又是艺术。管理要注重实践，要注重权变，要注重创造，要运用智慧，要注重思辨，说到底是哲学问题。

管理学的发展史告诉我们，哲学的辩证分析永远是需要的。马克思说过："历史有它自己的步伐，不管它的进程归根到底是多么辩证的，辩证法往往还是需要的。"

毛泽东在《矛盾论》中分析了事物的矛盾法则问题，自然，也包括管理中的事物。他说："事物的矛盾法则，即对立统一法则，是唯物辩证法的最根本的法则。"他又说："不论研究何种矛盾的特性——各个物质运动形式的矛盾，各个运动形式在各个发展过程中的矛盾，各个发展过程的矛盾的各方面，各个发展过程在其各个发展阶段上的矛盾以及各个发展阶段上的矛盾的各方面，研究所有这些矛盾的特性，都不能带主观随意性，必须对它们实行具体的分析。"

管理事物的矛盾现象，要用矛盾分析方法才能解决。事物是"有无相生"的，但不同事物有不同的"有无相生"形式。事物是"音声相和"的，但体现在不同具体事物质是不同的。对事物不同质的"有无相生"、"难易相成"、"长短相形"、"高下相盈"、"音声相和"、"前后相随"（均见《老子》第二章）研究清楚了，才能对事物作改进，作出新的"负阴而抱阳，冲气以为和"，形成合理的"有无相生"、和谐的"音声相和"来。

但是，常有这种情况，同样一个事物，同样用矛盾分析方法处理，有人作这样处理，有人作那样处理，效果却很不一样。这是为什么？原因是多方面的。除去哲学观、方法论问题外，有领导者或管理者的智慧、才能、经验、阅历的因素，有对事物知之深浅的因素，还涉及管理艺术方面的问题。为此，领导者或管理者要在努力掌握马克思主义的哲学思想指导下，提高智慧与才能素质，提高管理艺术水平，在处理问题时多讲一点实践原则、智慧原则、权变原则、创造原则及辩证思维原则。

三 道天地人与系统管理

管理中的矛盾现象，主要是管理主体与管理客体的矛盾，其他矛盾则围绕着它而展开。有两个层次的矛盾：第一层次是管理主体为实现管理目标与外部环境交往中所发生的矛盾；第二层次是管理主体为实现管理目标与主体内部各个方面相互协同的矛盾。

先讨论管理主体与管理环境的矛盾关系。

若把企业所处的社会作为一个系统，那企业就是其中一个子系统。借用老子的"域中有四大"（第二十五章）的话说就是，若视社会为"域"，企业就是其中一个"大"，其他的"大"是"天"、"地"，不妨可把它理解为环境；还有"道"这个"大"，不妨可把它理解为社会观念。作为一个开放系统，企业是在与其相接触的环境、社会观念相依中生存、发展的，企业要适应和驾驭"天"、"地"即环境因素，"道"的观念因素，自强自立。

企业这个管理主体所面临的管理客观大环境："天"与"地"，由政治、经济、技术、文化等因素组成。（1）政治条件，主要指国家的政治局面、政治氛围、政治法律因素、国家的内外政策等。（2）经济条件，主要指国家经济发展状况、国家的经济政策、国家的经济体制、国家的经济结构和资源分布及生产力布局状况等。（3）技术条件，主要指世界技术发展趋向、国内或地区技术发展水平、国家关于发展科学技术的政策、国家科学技术转化为生产力的能力与条件。（4）文化条件，主要指国家、社会的有关人口的民族、数量、性别、年龄、教育、素质、城乡分布以及有关民俗、民情、民风、现代文化意识、价值追求等。这些大环境，一般来说，这"天"与"地"，企业的外部世界，企业是难以左右的。但是，企业作为"域"中一分子的社会人，却可以通过自己的努力适应大环境，作用于大环境，使自己得到生存与发展。

上述所谓的"天"、"地"是一种借喻，借喻为大环境，还可作竞争环境的借喻、市场形势的借喻。

在市场经济体制下，企业是始终不能忘记市场天地这个环境的，因为企业在这个竞争天地中生存，在竞争天地中摔打，在竞争天地中锤炼，接受竞争风云的洗礼，接受竞争残酷的考验。适者生存，不适者淘汰。企业务必盯住商品、劳务、资金、原料、设备等市场动向，丝毫松懈怠慢不得。

"天"、"地"还可借喻成企业经营管理的小环境，即工作条件，也就是企业生产经营活动的具体条件，可分解成两个方面：经营方面与生产方面。（1）经营方面的工作条件主要有顾客、用户情况，即经营的对象情况。还有竞争者条件，即经营的对手与依存者条件。所谓依存者是说构成竞争的另一方力量，没有对方，只有我方，就不成其为竞争。企业必须注意这个"负阴抱阳"关系，竞争是必要的，和谐道义也是必要的。再有就是社区条件，企业生息在这个环境中，企业对这个环境只能承担贡献服务的义务，不能存有非分索取的奢想，以塑造良好的企业形象。（2）生产方面的工作条件，是说企业生产活动赖以进行的条件，如原材料、协作半成品、能源、运输、资金等保障条件，没有这些条件企业就无法生产。

上述"域中有大"，对"天"、"地"的三种借喻，是分层次的：宏观环境、竞争环境、工作环境。这三种环境，对企业可控性来说是不一样的。离企业间距越远的，可控性越差。就是说，大环境企业很难左右，竞争环境次之，工作环境企业把握它相对较容易。企业在从事生产经营活动中，应力争控制小环境，适应中环境，并争取驾驭之，顺应大环境。

作上述企业管理主体与管理环境的分析，目的是说明领导者要有系统论的思想。

再讨论企业与企业内部各方面的关系。《老子》第十章中说："载营魄抱一，能无离乎？""载"，助词，无实质性语意；"营魄"，魂魄；"抱一"，合一；"能无离乎"，能分离吗？全句的意思是，精神因素与形体因素抱合在一起，是不能分离的。

企业是个整体，是社会的子系统，企业内部要素是"抱一"而存在的。当然企业内部的精神要素、形体要素抱一表现是多方面的，比如人与人、人与物、物与物的关系等，都体现着"营魄抱一"的关系，其中核心的关系是人与人的关系。这人与人的关系也可分解为两个方面：纵向的人与人之间的关系，如领导与下层间的关系；横向的人与人间的关系，如领导人员之间、技术人员与管理人员之间、职工与职工之间的关系。这些内部矛盾，要达到"营魄抱一，能无离乎"的境界，关键是要树立正确的价值观，用这样的"道"统一思想、统一行动，调动各方面人员的积极性，协调各方面的"物"与"事"的步伐，使之凝成聚合力，产生整体力"抱一无离"。

企业管理活动的两个基本矛盾——企业与环境的矛盾、企业内部人际关系的矛盾是相互联系的。"域中有四大"，这"四大"的矛盾关系调节好了，就为处理好企业内部的"营魄抱一"关系打好了基础。或者说，企业内"营魄抱一"关系的处理，必须根据"域中有四大"的环境现实状况做出。当然作如是说，也不是说合理解决企业内部矛盾，只是对外部环境因素起着被动适应的作用。企业内部工作搞好了，对企业外部的工作环境、竞争环境、大环境都会起到积极作用，甚至会改变外部环境现状。比如，企业开发出一个国民经济需要的独领风骚的新产品，而这个产品却是社会期盼已久，且物美价廉的，这个产品的问世，必然会较大地改变现有的工作环境、市场环境格局，对大环境形势，比如经济环境形势，也可能会产生某种影响。

对企业矛盾作以上两个层次分析，实际也是属于矛盾分析问题、系统分析问题、领导艺术问题。"反者'道'之动"，企业领导人要学会上述分析方法。

四 "独立不改" 与变易管理

经营是环境的函数。前已述及，企业环境变化，必然影响企业内部的变化。企业的经营管理要学会应变。

唯物辩证法告诉我们，变是世界的本质表现，是事物运动的反映，是事物存在的根据。环境、天、地、时、空是常变的，因为常变才有五彩缤纷的物质运动存在，才有绽开的绚丽多彩的大千世界花朵，才会有日新月异的社会新气象。

变，是哲学中的一个命题。应变，是管理科学最值得研究的一个命题，西方还专门成立了一个学派来研究这方面问题，称之为"权变学派"。应变，如前已述，也是掌握领导艺术必须具备的一种本领，属于领导艺术的一个范畴。为此，让我们研究变这个问题。

《老子》一书窥测到了宇宙的多变现象，并有精辟的论述，一章所说道可道，非常"道"；名可名，非常"名"。这"可道"、"常道"、"可名"、"常名"的说法，就从反面昭示我们宇宙间有一个常变的不可道、不可名的"道"与"名"。

让我们再列举《老子》的一些话以资说明。第二十五章中说："有物混成，先天地生。寂兮寥兮，独立而不改，周行而不殆，可以为天下母。"这话是说，有一个浑然一体的东西，在天地存在以前就诞生了，它无声又无形，独立存在而永不衰竭，到处运行而永不休止，可以成为天地万物的根源。老子接着说："吾不知其名，强字之曰'道'，强为之名曰'大'，大曰逝，逝曰远，远曰反。"这是说，这个浑然一体的东西没有字，勉强地给它起个字叫"道"，没有名，又勉强地称呼它为"大"。它广大无边，隐没在我们的视线之外，躲开我们的视线而伸展得十分遥远，伸展得遥远示意着它要回归本源。这段话告诉我们，"道"是独立存在的，是运动不殆的，是曰逝、曰远、曰反，即是变化的且有规律。

《老子》第十六章、第五十五章都使用了相同的一句话："知常曰明。"老子所说的"常"是什么呢？第十六章中这么说："夫物芸芸，各复归其根……知常曰明，不知常，妄作凶。"意思是万物虽然变化纷纷芸芸，但它们却各自回归到它们的根系上。懂得这个常理，叫作明，不懂得这个常理却又要妄自动作，就会遭遇厄运。老子要我们"知常"，懂得事物变化的道理，掌握变化的规律。

老子上述观点，强调事物是变化的，这是正确的。但是，只讲变化的回归是不够的。事物的变化更有向上发展的一面，这才是事物变化的主流，因此说，老子的变易思想有欠缺处。

讨论变，自然想到了《周易》这本书。宋人朱熹为《周易本义》一书作注说："阴生阳，阳生阴，其变无穷，易之理如是。"清人陈梦雷在《周易浅述》中说："易，变易也。天下有可变之理，后人有能变之道。"这些都是说，《周易》是一本讲变易的书。《周易》现在在社会上很被器重，包括国外。究其原因，其阴阳变易思想讲得透彻恐是一端。《周易》与《老子》的渊源，有两种说法：一说《老子》思想汲取了《周易》的营养，因为《周易》先于《老子》而存在；二说《周易》是孔子后学者们编订的，编订中吸收了《老子》思想。在这里，我们不准备去理顺这段姻缘关系，而要说两者思想很多是相通的，变易思想就是其中之一。

《老子》的变易思想是大可被企业管理借用的，且已被一些人借鉴见了效果。日本著名企业家松下幸之助，就信奉《老子》、《周易》，有人问他成功的秘诀，他平易地作答："顺应自然法则。"他在《实践经营哲学》一书中说："人类无限生成发展是宇宙的自然法则"，"倘使人类以其微小的聪明才智去思考问题，依照自己所想的肤浅方法去处理事务，违背了天地自然的道理，其失败与挫折乃是意料中的事。因此人类虽然应该运用智慧去行事，但仍然需要遵照超越人类智慧的伟大的天地自然法则与道德去经营，才是获得成功的保证"。他在《事事谋求生成发展》一书中说："大自然及宇宙是由无限的过去到无限的将来连续生成发展所进化而来，在这个无限历程当中，我们也相信人类社会的共同生活，无论在物质方面或精神方面，也将无限地继续不断地发展下去。"松下的生成发展"顺应自然"观点、"无限继续"观点，是顺乎《老子》、《周易》思想的。

企业管理要据"顺应自然"原则变，按照事物发生、发展规律变。在市场经济条件下，企业要根据市场经济形势变化作相应变化，市场形势状况对企业的生产经营活动是最具有直接关系的生命攸关的事，比如顾客不买你的货了，竞争对手实力咄咄逼人了，你原来占据的一块市场日渐被人蚕食了，如此等等，都将逼着你及时地、恰当地做出相应的对策，以对付困境。又如，假如你企业在市场竞争中形势很好，即使如此，竞争如战争，也麻痹不得，须警钟长鸣，按老子说法"物壮则老"（第三十章），"福兮祸所伏"（第五十八章），也需要采取相应措施，巩固、发展已有形势，冀求企业长盛不衰。

企业还要根据宏观大环境情况变而变，比如国家调整经济政策，如变计划经济体制为市场经济体制，这无疑对国有企业是一个极大的挑战，企业便要顺乎这个形势转换机制。再比如，我国已加入WTO，经济贸易大门洞开，一场激烈的国际竞争就在足下发生，往昔的民族保护伞没有了，夜郎将不能再自大，真枪实弹地货比货、价比价、服务比服务、硬碰硬地较量，逼使你没有任何地方可以躲藏，为了你的企业生存与发展，必须未雨绸缪，采取措施积极应对之。

变，"独立不改"，是绝对的，但是作为应对，也不能无休无止、无时无刻地变。老子说："多言数穷，不如守中。"（第五章）意思是议论太多反而办不好事情，不如采取平静的态度。老子的话是有道理的，无休止地变会乱了管理方寸，搅乱管理秩序。有句话叫"以不变应万变"，假如把这话理解为办事情可以不顾外界情况变化我行我素，那是错的；假如把它理解为变中取静，像老子说的"不如守中"那样，把它理解为一种策略、一种手段，"为无为"，却是对的。管理中要注意"静"与"稳定"。其实这"静"、"稳定"也是一种变。变中取静，静中含变，变化中不忘稳定，稳定中包容着权变考虑。总的是，该变则变，该静则静。任意地变不好，绝对地静也不好。《老子》第九章中说："持而盈之，不如其已。"这话的意思是端水不能太满了，不如适度而止，这话虽然不是专门就"变"这个问题而说的，但这对处理变与稳定的关系是有启发价值的。

"水因地而制流，兵因敌而制胜"，企业管理应根据竞争的大气候（宏观的）、小气候（具体的竞争形势）作相应变化，主要在三个方面变：（1）观念应变。这是核心，观念支配行动，有了观念的变，才有企业行为的变，比如有了市场意识，才会有积极参与竞争的行动。（2）组织制度应变。根据变化的企业外部条件，根据变化了的正确价值观，建立相应的组织机构、相应的制度，比如树立了市场竞争观念，相应就要设置战略决策部门、市场信息收集部门、新产品开发部门、市场营销部门等。（3）管理方法应变。在市场竞争形势下，要采取灵活机动的管理方法，对变化了的市场形势做出快速反应，及时解决矛盾。比如，就生产言，最好组织柔性生产线，组织多品种小批量生产。

在现代企业管理理论学派里，有种种管理学派，有所谓"系统学派"、"权变学派"等。关于"系统"，我们在上一节讨论系统分析时谈过。关于"权变"，本节议论的就是这个问题。这些议论都是联系老子思想说的。假如这个联系是有道理的，这样就出现了一个很有意思，也很值得探究的问题，现代意义的一些道理怎么可以被2000多年前的老子思想所解释，是聪明的老子对现代管理理论早有所悟了呢，还是现代管理大师对老子思想心有灵犀本相通呢？

五 "重为轻根"与比较管理

如何做好企业管理工作？要讲一点比较，讲一点相对，讲一点思辨。关于这，《老子》有许多名句给我们启示，第二十六章中说："重为轻根，静为躁君……轻则失根，躁则失君。"大意是说，厚实慎重牵制着轻浮的根底，镇静若定防范着躁动的发生。轻浮了就失去根的力量，烦躁了就失去成功的主心骨。这里，重与轻、静与躁都是比较着说的。

《老子》第八十一章中又说："善者不辩，辩者不善；知者不博，博者不知。"这段话是说，有善行的人不巧辩，巧辩如簧的人不善良；真正有学问的人不卖弄广博，卖弄广博者不见得有真才实学。这话告诉我们看问题要善思辨，要看本质，为人要真诚。

老子的上述话，给我们很多企业管理哲理的启示，其价值是广泛的。现在择管理中待人、接物两方面的事例证之。

待人。以如何调动职工积极性为例，这是企业管理的核心问题之一。"域中有四大"，"人"这个"大"的智慧、才能、创造力激发出来了，企业纵然遇到天大困难也能克服。为此要千方百计激励职工积极性。如何激励，有多种多样方法，如领导垂范激励，思想教育激励，信赏信罚激励，功而飨之激励等等。归纳起来大致有两种：精神激励与物质激励。

精神激励与物质激励是一对矛盾，如同老子所说的"重轻"、"静躁"那样状态的矛盾。两种激励，有人认为精神激励重要，因为人是有感情的，是有精神欲求的，希望得到信任、荣誉、归属的满足；还认为，物质激励作用接触点是与人的躯体有关的衣食起居的满足，而精神激励的激励点是人的灵魂，给人以心灵慰藉、心灵享受，从而使职工道德升华、精神升华，产生发自内心的忠贞之力——忠于企业、敬业之力——敬爱事业。有人却认为物质激励较精神激励更为重要，认为物质是人类赖以生存的凭借，要是在物质方面、经济方面不能给职工以满足，衣不能很好蔽体，食不能很好果腹，职工的智慧、才能、创造力是无论如何也升腾不起来的；精神激励固然重要，但不是万能的，解决不了职工的衣食起居等实际问题，职工物质财富的创造，需要依仗物质动因来激励。为此，要给职工以"甘其食，美其服，安其居，乐其俗"（《老子》第八十章）的满足。

其实，这两种激励是一对对立统一的矛盾，若按老子的"重为轻根"的比较观，"大成若缺"的相对观，"信言"、"美言"的本质分析，可以认为，两者都是重要的。人不能没有精神世界的追求与满足，不然与一般动物何异。人也不能没有躯体生存需求的满足，不然人不能活在世上。它们都是从不同角度提出问题的。假如硬要分出其伯仲关系来，那么，需求论者就会把生存物质需求的满足放首要位置上；强调人最可贵的是气质者，则会把精神因素看重于物质满足之上。笔者则认为，两种激励手段都应该用，它们是对立统一的，盲目地强调谁、偏重谁都不合适。就企业而言，倒可据不同情况，在一定时期，有侧重地关照某一方面激励是可以的。比如，一个时期对职工物质激励与满足疏忽了，那么对此就要多注意一点；反之，在过多注重物质满足的情况下，就要多讲一点精神因素，多做一点精神方面的工作。一般来说，精神的因素更为重要些。

总之，对矛盾因素要比较地区分其主次关系，相对地认识各自的重要程度，最后作出本质判断，"音声相和"地协调好它们之间的关系。

处事。举一则如何看待理性管理、非理性管理的关系的例子。所谓"理性管理"，主要是指一种强调管好物质生产活动的管理，用的是泰罗管理时代那一套科学管理理论，其管理目标是管好物，提倡生产效率，追求生产低成本，采取的措施是实行定额管理、标准化作业等，强化技术因素，强调工人操作管理。所谓"非理性管理"，是强调管好人，管好人的价值观，管好人的动机、人的行为，注重搞好企业文化建设，注重搞好人际关系，用心理学、社会学等一些理论，通过管好人把整个企业管理工作搞好。

应该承认，非理性管理较之理性管理，其管理思想更合乎时代要求。过分强调理性管理起码有五大弊病：（1）它忽视了生产中人的心理因素，一味讲效率，而把人视为机器人或生理人，不屑去考虑人的思想、个性品格、价值追求等问题，扼杀了员工的创造性；（2）它忽视了人是社会的人，把人仅仅看作是经济人，最终必然导致员工的心理反抗；（3）它过分地注重于技术因素，忽视了管理中还有非技术因素，如文化因素、心理因素、教育因素等，管理不仅有科学问题，还有艺术问题，它把管理的路子引向狭窄中去；（4）它不适应市场竞争形势的需要，市场多变，竞争激烈，故以提高生产效率而建立起来的理性管理模式，对此有捉襟见肘的弊端；（5）这种管理模式着眼于个体管理、封闭式管理，不懂得人总是结成群体的，企业是置身于社会中的，它适应不了社会发展的需要。譬如，人在群体中的行为模式是不同于个人理性状态下的行为模式的，常常会有一些情感上升而理智下降的现象发生。历史证明，非理性管理的产生和存在确有其合理性。

但是，"重为轻根，静为躁君"，上述优缺点是比较而得的，是相对而言的。庄子说："彼亦一是非，此亦一是非。"① 此说尽管说得太绝对了些，抹杀了事物的真理客观性。但是，从各自立场上说，彼有彼说的道理，此有此说的道理，启发我们客观地评述它们各自所说的道理，以作出正确的判断，却是很有意义的。这是对庄子这句话把彼、此作为对立的两方（或人，或事，或物）来理解其意义的。假如把这两者的彼与此，从时序上去探析，也有其哲理意义。彼时是一是非标准，此时又是一是非标准，它启发我们必

_____
① 《庄子·齐物篇》。

须辩证地、历史地分析问题，客观地得出它应有的正确结论。看来，判断非理性管理、理性管理的优缺点应该持如老子、庄子所示的思想去考虑问题，理性管理有当时的存在意义，非理性管理则有现时提倡的价值。

《老子》说"物或损之而益，或益之而损"（第四十二章），即事物有时给它减去些什么，反而得到了好处；有时给它增加些什么，反而使事情更糟。世上没有完美无缺的事物，益之损之要适宜，益之损之要互补。现实生活中非理性管理固然重要，也是一种发展趋向，但认识其不足，借理性管理的合理部分作补充，就能起到"损之而益"的效果；理性管理确实有缺点，但是也不是说它一无可取，生产经营活动还是需要科学、制度、秩序、效率的，借用其合理成分为现实管理服务，也能起到"益之"的作用，也是不可或缺的。

"祸福依伏" 与逆反管理

《老子》一书揭示的种种矛盾中，"祸福倚伏"这对矛盾给人启示甚多，尤其是企业的逆反管理问题。

"祸福依伏"的话是《老子》第五十八章中说的："祸兮，福之所倚；福兮，祸之所伏。孰知其极，其无正也。"这段话有对的方面，且很精辟，对的一面是前半句；有不对的一面，那是后半句。

"祸兮，福之所倚；福兮，祸之所伏。"精辟地揭示了事物的对立与统一。福者，《韩非子·解老》中解释道："全寿高贵谓之福。"也可作顺利讲，《礼记·祭统》中说："福者，备也。备者百顺之名也。无所不顺谓之备。"祸者，《说文解字》释为："害也，神不福也。"《辞海》释为："灾难，灾害。"老子这句话的意思是：祸害，福祉依附在它中间；福祉，灾害隐藏在它里面。

"孰知其极，无其正也。"这话是说，祸福变化是没有确定规则的。这话讲得不太对。事物转换总是有原因的，是在一定条件下变化的，无缘无故地福变祸或祸变福都是没有的。"塞翁失马安知非福"，塞翁因为疏于防范，让马逃了出去，后来马回来了，那是因为老马识途的缘故，这则成语故事告诉我们，祸福转换是有条件的。祸福转换绝不是突然发生的，都是通过量变转化成质变的。在量变过程中必然有变的兆头，有变的痕迹浮现，兆头是可预测、可辨认的，痕迹是可识别、可察度的，怎么能说"其正也"？

"祸福倚伏"，富贵与灾难共存，顺利与困境共在；福可演化为祸，祸也可演化为福，这确是人类活动的普遍规律。

从企业管理来说，因为国内外环境变化，技术进步加快，市场竞争激烈，企业可能从兴盛状转变为衰落状，甚至彻底败北。同时，也有一些企业会从弱小转化为强大。李光前，原名玉昆，1893年出生于福建省南安市梅山芙蓉村。1903年随父南渡新加坡，几经周折后转入商界服务，初受雇于人，后即自营南益树胶公司，营业范围慢慢由树胶贸易扩展到黄梨、油棕、银行、房地产与股票投资等，经营地区也逐渐由马来亚麻坡发展到新加坡、印度尼西亚、泰国等地。他自己也成了新加坡和马来西亚地区屈指可数的著名华人实业家和金融家。至其1967年逝世时为止，他所主持的南益集团共拥有26家子公司，3亿元左右资产。在当时殖民地垄断资本的排挤下，在同行业的激烈竞争中，李光前能够取得如此巨大的成就实非易事，这与他独特的经营管理方式不无关系。原来，李光前在经营管理过程中，实行了一套"糅合中外、融汇古今的南益树胶管理哲学"。[①]

企业是一个特殊的生命系统，它遵循"由生到死"演变的企业发展自然规律，但也可以实现一个生命周期与另一个生命周期的延续，企业具有再生能力。企业生命有着自己的演进轨迹，发展是企业生命的本性，发展所需

---

① 李天锡：《李光前企业管理方式与＜老子＞学说》，载《宜宾学院学报》，2003（6）。

要的是动力，演进轨迹是一种导引的方向，也是一种约束，其意义在于保证企业更好地发展。如杜邦公司已逾200岁，历经风雨沉浮愈加发展壮大，稳居美国乃至世界最优秀企业之列，显示出旺盛的生命力和巨大的潜能。然而，现代企业寿命理论及相关调查研究表明，企业诞生至破产有一个期限，一般为20～30年。企业寿命可以分为成长阶段、扩张阶段、成熟阶段、衰退阶段。进入扩张阶段后，企业的经营、业务都得到不同程度的发展，而企业的管理者在制定这一阶段的发展规划时，往往受前一阶段经营成绩的影响，像老子所说的"企者"、"跨者"一样想急于走快，翘起脚尖出人头地，迈的脚步太大，而受到挫折。因此，企业的危机也往往出现在扩张阶段。在扩张阶段，企业如果能够避免浮躁和冒进，客观合理地制定稳当的发展规划，就可能平稳发展并顺利进入成熟阶段，迈上一个新的台阶。[①]

一般来说，人们总是希望长寿，企业总是希望长盛。祝你福寿，是人们的祝愿之词。但是，不愿想、不想说"祸"、"灾"那样的字是一回事，现实生活中存在"祸"、"灾"又是一回事。还是老子说得好，"宠辱若惊"（第十三章），不管在屈辱的情况下，还是在得宠的条件中，都要持警惕的态度。

作为现实主义者，在前进过程中，不承认困难是不行的。当然，处在逆境情况下，强调信心、勇气也很有必要。为此，要如《老子》所说的那样，"慎终如始"（第六十四章），要警惕自己，"祸莫大于轻敌"，要"不自伐"、"不自矜"（第二十二章）。

"祸福倚伏"，祸福向各自的对立面转化。为此，我们要利用这个规律，为企业长治久安，把管理工作做到祸福的内部中去，做到祸福的对立面中去，作逆反管理。在"福"尚未转化成"祸"的情况下，做"祸"的工作，消融"祸"，使"福"常驻；在"祸"尚未转化为"福"的时候，多做"福"方面的工作，使"福"早日到来。

利用"祸福倚伏"的事物规律，我们还可以自造矛盾、自设困难，来强化"福"的分量，弱化"祸"的程度。比如，在顺境时自己给自己出难题、加压力，以提高自己的抗"祸"能力；在困境情况下，也给自己施加

---

① 吕庆华：《老子＜道德经＞思想的现代企业管理启示》，载《江苏商论》，2007（2）。

压力，不妨适当地来一点雪上加霜，这样以提高必胜的决心与勇气去获取"福"的果实。当然为自己制造困难、施加压力要适度，不然会经受不住，人会被压垮的。

《孙子·九地篇》说："投之亡地然后存，陷之死地而后生。"这是一句极为著名的话，可视为对"祸福倚伏"逆反管理的哲理解释。孙子在讲完上一句话后接着说："夫众陷于害，然后能为胜败。""陷于害"就是陷于"祸"，"然后能为胜败"，就是然后才有可能使"祸"转化为"福"。

以福作祸激励自己，以祸作福增强自己斗志。企业应该有这种气度，人也应该有这种气度。现代有作为的企业家都懂得这个道理，于是出现了"救灾式管理"、"饥饿式管理"等做法。所谓救灾式管理就是自设灾难，以此激励自己排难解困；所谓饥饿式管理，其内涵同上，自己给自己以"饥饿"感，迫使自己寻觅解饿良策，使自己在"祸"中增强制胜因素，使"祸"变为"福"。

《老子》第七十一章说："夫唯病病，是以不病。"

办事情，想问题，搞管理，多往坏方面想想，多病病，才能收到福常在，寿常在，"是以不病"的效果。

第六章

上善若水

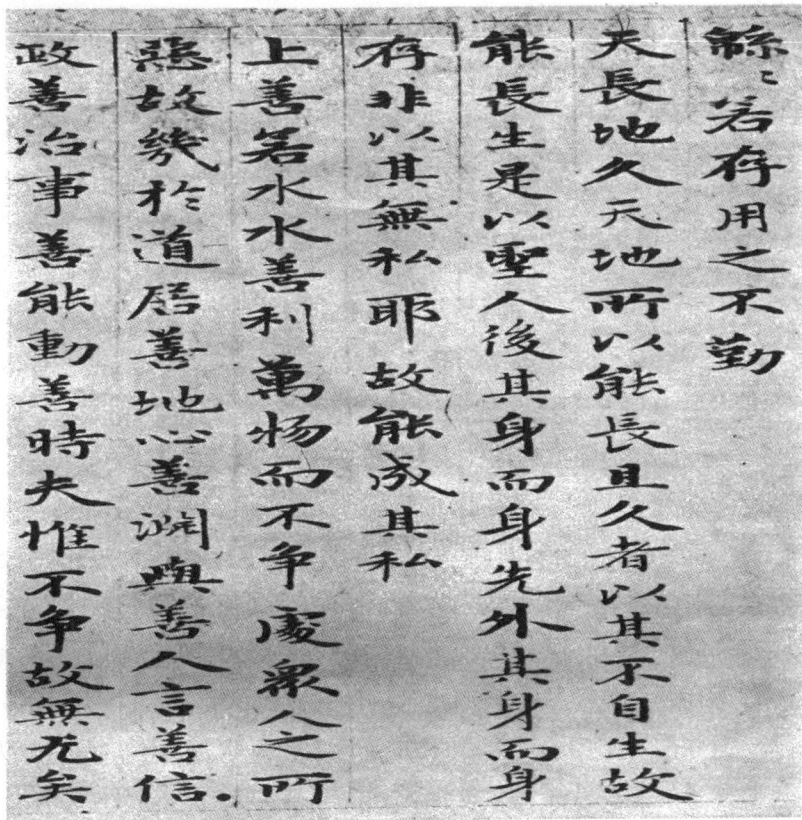

上善若水，水善利万物而不争，处众人之所恶，故几于道。居善地，心善渊，与善仁，言善信，政善治，事善能，动善时。

——《老子》第八章

上善若水，水善利万物而不争

一 "上善若水" 与水性管理

　　具体分析老子"上善若水"人生哲学，老子为什么将"上善"与"水"联系在一起呢？我们可以想象一下，综观古今，人类几乎所有的文明都源于水这一特殊物质，而且水直接影响着早期人类的狩猎和农耕生活，所以水以其特有的品性最先走进了人类早期的宗教、神话和哲学之中，水在先民的观念中是十分神圣的。中国哲学思想最早的源头——易，从伏羲作易到连山易、归藏易再到文王演易，首先就涉及水，可见，人类很早就对水产生了特殊的情感并开始注重对水的研究。所以，水进入老子的视线，并且在《道德经》中有着举足轻重的地位也是自然的。

　　那么，水为什么是"上善"？在《道德经》第八章中列举了7种表现："居善地，心善渊；与善仁；言善信；政善治；事善能；动善时。"在这里，老子把水的品行人性化了，他认为最善的人应该具备7种水德，即：居住，要像水一样，选择深渊、大谷、海洋这些别人不愿去、艰苦而低下的地方；心胸，要像大海一样宽阔，沉静而深不可测；待人，要像水善利万物一样真诚、包容、甘于奉献；说话，要像水善利万物一样诚实而恪守信用；为政，要像水一样清净、廉洁，把国家治理得井井有条；做事，要像水一样，尽自己最大的能力去善利万物；行动，要像"好雨知时节"一样把握时机。老子认为正因为水有这7种美德，所以最接近他的"道"。这里以水论道，实为以水论人，是老子人生哲学的根本内容。

　　当企业领导的，需要进行个人品德修养，为什么要修养？修养些什么？《老子》中有关"水"的一些论述给我们以启发。《老子》一书中多次议论水（或溪，或川等），讲得最集中的是八章中关于"上善若水"那句话。他借水喻人，借水喻事，要"侯王"、"圣人"（指领导人）像水那样"利万物"，在处理问题时，要像水那样"善而行"。老子把水视为美德的化身，要上善的人学它，学水的"善地"、"善渊"、"善仁"、"善约"、"善政"、"善能"、"善时"、"善利万物而不争"。

庄子也把水看得很重，是"天德之象"、"养神之道"。在《庄子·外篇·刻意》中，他讲，形体劳累了不休息会疲惫，精力使用了不停顿会枯竭。如同水一样，水不混杂就清沏，不搅动就平静，但是如果闭塞它不让流动，水就不会清沏，这种平静随着自然而流动，便是"天德之象"。他接着讲，这种纯粹而不混杂，虚静而不搅动，恬淡无为，行为顺乎自然的是"养神之道"。在《庄子·内篇·德充符》中，他又说，世上最平静的东西是水，它是我们办事取法的法则。平坦宁静的水，外无水波，内显清沏。人心也应如此，内心平静，外界的干扰就不能动摇其体态。他认为，德是最纯美的修养，德不离去，万物也必然会亲附其间而不会离去。

管仲在《管子·水地篇》中也说，水是万物发生、发展的本源，是一切生命体产生、存在的必要条件。世上一切美与丑、贤与劣、聪明与愚笨都是由人对水的容量大小而决定的。

确实，水在常温、常压、常态的条件下，纯净的水确如老子所说的那样，具有"天下莫柔弱于水"（第七十八章）的柔性特点，有很多可爱之处：它因地制流，随遇而安；它性至柔力至坚，利剑不能断其身，但却能滴水穿石；它性温顺，儿童乐于与它嬉戏，给人以温馨；它平静，"水心如镜面，千里无纤毫"；它明洁，可去污泥，洗涤身躯，甚至洗涤灵魂；它甜美，"明月松间照，清泉石上流"，装饰自然景色；它趋下，"飞流直下三千尺"，身居底层而不悔；它坚贞，现代物理学告诉我们，水是二氢一氧化合而成的，这两种元素一经结合，就不愿轻易分开，纵然火烧摄氏 2 000 度，也只能离间其千分之八而已；它负重，沉舸在它身上过，厚载万物。

当然，水也有反常的时候，它如果咆哮了、发怒了，便"水能载舟也能覆舟"，甚至给人们带来灾难。但那不能责怪水本身，是一些人不懂得水的特性，不遵循水的活动规律而胡乱行为的报应，如任意堵其流，或超载加其重，或脏物污其身。

水，也有完全变形、变态的时候，那是因为外界施加了温、施加了力的缘故。比如，加一定的热使之演变为汽；加一定的冷使之演变为冰。一尺之棰，日取其半，一定程度后，棰已不成其为棰。与此同理，此刻的汽、冰，也已不是水了。但它也从反面告诉我们：水是高尚的，纵然异化为汽、为冰也要为人类文明作贡献。

关于修养，有一个修养的道德标准问题。孔子与儒家这个哲学学派讲修养是：修身、齐家、治国、平天下；讲苦其心志，劳其筋骨，饿其体肤，空乏其身；讲仁义礼智信。老子与道家这个学派讲修身却是："绝仁弃义"、"绝礼弃智"。孔子讲功利，老子讲顺乎自然；儒家尚刚，主张"刚毅柔纳"，道家则崇柔，主张"积于柔则刚"，信奉"柔弱胜刚强"。

儒家有一段名言道："古之欲明明德于天下者，先治其国；故治其国者先齐其家；欲齐其家者先修其身；欲修其身者先正其心；欲正其心者先诚其意；欲诚其者先致其知；致知在格物。"这段话讲了身、家、国、天下几个关系。《老子》也讲过类似这几个方面关系的话：身、家、乡、邦、天下。用现代的话说就是，修德于一身，他的"德"就可以纯真；修德于一家，他的"德"就会有余；修德于一乡，他的"德"就会增长；修德于一国，他的"德"就广大；修德于天下，他的"德"便会普遍（修德要推己及人、见微知著）。所以，从自己本身的情形去观照别的人；从自己一家的情形去观照别人家的情形；从自己一乡的情况去观照其他乡的情况；从自己一国的情形去观照别的国家的情形；从目前天下的状况，观照将来天下的状况。我凭什么了解天下这样的现实呢？就是因为这个道理。这两段话，其相同处都是从修身为着眼点去讲的，继之讨论修家、修乡、修邦、修天下等。相异处，前者还讨论了格物致知等问题；后者却是从道为开始作讨论。庄子说："道之真以治身，其绪余（剩余）以为国家，其土苴（土芥）以治天下。"①也就是说，道是真正用来修身的，再及国，余及天下。老子讲得更明确，以"德"（道）观察身、家、乡、邦、天下的真、余、长、丰、普的水平，并以此以身观身（从个人自身的观点去观察他人身），同理，以家观家，以乡观乡，以邦观邦，以天下观天下。

总之，老庄讲修身，用的原则是"几之于道"，"天德之象"，与他们倡导的"德"论——政治观相联系，与他们所持的"道"论——文化观相联系。

美籍华人张绪通在《道学的管理要旨》一书中，把老子及道家管理思想本质概括为"水式管理"。他说："道学的管理，最简捷的说法是'水式

①《庄子·杂篇·让王》。

的管理'，也就是把水的特性化为智慧，用在管理方面。"他认为，"水式管理"概括起来就是："能忍人之所不能忍的气，能受人所不能受的苦，能做人所不能做的事，能成人所不能成的功。"① 也有学者将老子管理思想理解为"水性管理"。如卞华舵等认为"水"的性格是道家"灵"与"柔"精神的生动体现，"水处柔弱，柔能克刚；水处流动，流水不腐；水处卑下，善于迂回，知迂回则无损；水善于忍让，善于融通，善于渗透，在一派柔弱之中，得以流畅，充满活力"，因此老子管理思想又可以称为"水性管理"。②

上图是南宋马远作品，马远字遥父，号钦山，人称马一角。原籍山西，后居钱塘（杭州）。兴祖孙，世荣子，逵弟（按清河书画舫以为兴祖子误）。光、宁朝（1189—1224）画院待诏。画山水、人物、花禽，种种臻妙。虽得自家传，然能自树一帜。与夏珪齐名，时称马夏。以远所绘多残山剩水，故人又称马一角。山石用斧劈，树用拖枝，屋宇用界画，远山则用大笔渲染，空濛迷茫，善于表现空气感。创水墨苍劲一派。又工画人物及水。故宫绘画馆藏有踏歌图、水图。

---

① 张绪通：《道学的管理要旨》，20 页，成都，四川大学出版社，1992。
② 卞华舵：《"水"性管理的六大要素》，载《现代企业教育》，2007（7）。

二 领导就是影响力

《老子》"水"论中倡导的要以水的优秀品质来要求"侯王"、"圣人"。这符合现代领导科学"影响力"论的观点。

什么是领导？有三种观点：（1）领导就是职权；（2）领导就是服务；（3）领导就是影响力。

持第一种观点者认为，领导是上级组织机构赋予一个人或一群人的职位和权力，按照一定的意志和目标来进行工作以完成任务。职权观是责与权的统一观。权，由几个方面内容组合而成，如决策权、指挥权、组织权、协调权、控制权、奖励权、惩罚权、财产处置权、人事任免权等。责，完成上级交付的任务。

持第二种观点者认为，领导是一种服务行为。服务于事业，服务于工作对象，服务于正在执行服务职能的有关人，进而做好工作。

持第三种观点者认为，领导有上级委任的，也有群众选举的，也有毛遂自荐或他人引荐经过群众认可的。委任也好，选举也好，自荐、他荐经群众认可的也好，领导工作始终在群众中进行。领导当然有一个行使职权的问题，履行职权也要在群众中进行。领导服务论更清晰地指明不能忘却群众的道理。所有这些都说明，领导只有把作用于群众中的某种力发挥好了，群众就会自觉地服从你的领导，进而搞好工作。这种力就是领导的影响力。它凭借的不单纯是职权或什么，而是凭借领导人自己的良好素质、高尚情操、模范言行、身先下士等，利用其威望、威信来影响群众，把工作做好。

从上述可以看到，领导影响力论的观点更科学合理些。职权论的观点不够全面，尽管领导确实有一个拥有职权与行使职权的问题，但它没有回答如何行使好职权的问题。服务论的观点，把服务于下属、群众这个本质说出来了，但服务是一个含义很泛的概念，不是专归领导所特有的，更不是领导本质的所在，一般职工间也有一个相互服务的问题。

因而，把领导视为一种影响力，是现代领导科学一个很重要的思想。它回答了或补充了职权论、服务论所没有回答，或没有全回答的关于领导概念应有的内容，比如如何实现领导的问题。

职权论把职权问题看得过重。用手中的职与权去实施领导，尽管也能产生作用，但那是强制之力、威慑之力。这种不是依靠调动下属内心世界的感情的领导行为，会引起下属的不满或反感，产生负效果。这种领导方式，有人称之为硬领导，这种权力被称为硬权力。硬领导、硬权力不是好的领导方式。强调用自己的品德、素养、才华、专业水平、信任，依靠群众，使下属和群众折服、信服、顺服来实施领导，是谓软领导、软权力。从实施效果上看，硬领导、硬权力不如软领导、软权力好。

主要依靠影响力去实施领导，老子便有这种思想。老子反对以权、以势、以政、以令、以刑为手段去治理百姓，比如，他说：天下的禁忌越多，人民就越贫穷；民间武器越多，国家就越混乱；人民的技巧智慧越多，邪恶的事情就层出不穷；法令越严明，盗贼反而越多（第五十七章）。国家的政治宽容，人民就淳厚质朴；国家的政治严苛，人民就狡黠诡诈（第五十八章）。他借用"圣人"之口说：我无为，人民就自我化育；我好静，人民就自然端正；我不搅扰人民，人民就自然富裕；我不贪婪，人民就自然朴实（第五十七章）。

在企业管理中，企业领导人如何管好企业？他在实施领导权中，应该更多地用软权力进行管理。被称为"经营之神"的日本企业家土光敏夫，就持有上述看法。他认为，企业首脑为了管好他的企业，的确是需要某种力量的。这种力量有种种表现形式，简单地说，有"权力"和"权威"两种。这位"经营之神"还认为，首脑、管理者凭借拥有职权所直接产生的力量，那是一种外来之力，即权力。这种力乃是一种传统宝刀，最好不要轻易拔刀出鞘。相对来说，首脑、管理者不一定拥有权威。因为，权威是从首脑、管理者自身内部自然产生的，是从一个人内在的实力和人格中自然渗透出来的。土光敏夫强调并希望，这种内在的权威最好能得到充分发挥。他这里所说的权威就是软权力。

台湾有一家美吾发公司，其董事长李成家似乎颇懂《老子》的这个精髓。他管理公司并不迷信"其政察察"，没有花很多时间于管理上，用他自己的话说："主管并不一定要案牍劳形。"他主张"授权"，主张"让职工自己管理自己"。就是在行使决策权时，他也只把注意力集中在资讯收集上，在充分地收集了精确的资讯后，让下属参与一起讨论，他认为唯有此，"才足以做出一个良好的决策来"。他还这样解释上述行为："当主管的，应该先懂得为自己保留较具弹性的决策空间，这样才能在管理的领域里运用自如。"这位李成家先生所讲的"授权"、"自己管自己"、"弹性空间"等，颇有老子思想的韵味。

企业领导人要凭自己的品德影响力实施领导，他必须有一个"善下"的修养。如老子所说的"以其善下之"，把自己调置在被领导者之下。

"以其善下之"句，在《老子》第六十六章中，全句是："江海所以能为百谷王者，以其善下之，故能为百谷王。"老子讲得很清楚：要使自己如江海那样，所有河流流向那里，成为百川之王，自己必须把自己放置在河流的下游。

《老子》在第六十六章中讲完上句话后，继续发挥他的这个"善下"的观点说："是以圣人欲上民，必以言下之；欲先民，必以身后之。是以圣人处上而民不重，处前而民不害。是以天下乐推而不厌。"在老子看来，领导者要实施领导，必须说到做到，对人民谦下，为人民表率。在利益取得上，放在群众后面。只有这样，领导者虽居领导上位，而人民不会感到负担，虽站在领导前位，而人民不会感到害怕，所以天下人拥戴他而不是厌烦他。

老子讲的是辩证法：（1）在领导与被领导者关系上，领导者的存在，是因为有被领导者的存在。领导者若高傲了，目空被领导者，当然会被被领导者所厌弃。在这个问题上，被领导者处于主要位置上。（2）在上民、先民与下之、后之关系上。领导所以成为领导，自然要上民、先民的，不然要领导作甚，但是上民、先民的基础却是下之和后之。用自己的模范行动实施上民、先民，在这个问题上，领导人处于矛盾的主要位置上。

欲上民，必以言下之；欲先民，必以身后之。老子的这些观点，是符合现代领导学的基本思想的。土光敏夫讲过类似的话，他在《经营管理之道》等书中说："负责人是吃苦的人，而不是了不起的人。""有能力的人地位高一些，这是理所当然的。如果他本人也自认为了不起，那就绝不是理所当然的了。""如何使自己成为别人可以信赖的人，与其求之于人，不如求之于自己。""我不喜欢'管理者'这种提法。因为，它容易使人联想到上级管理部下，人管人。说到底，只有当一个人以自发的意志采取某个自主行动时，他才会最大限度地感到生活的意义。因为，在这个过程中，人们保有了管理自己自由的责任。可以说，人本来就是只允许自己管理自己的……对管理者最大的要求，是管理好他自己，而不是管理别人。"

管理自己是一个体味自己生命意义的过程，我们先讲个故事，有个旅客在沙漠里走着，忽然后面出现了一群饿狼，追着他来要群起而噬。他大吃一惊，拼命狂奔，为生命而奋斗。就在饿狼快追上他时，他见到前面有口不知有多深的井，不顾一切跳了进去。然而那口井里面没有水，却有很多毒蛇，它们见到有食物送上门来，昂首吐舌，热切引项以待。他大惊失神下，胡乱伸手想去抓到点什么可以救命的东西，想不到竟天从人愿，他抓到了一棵在井中间横伸出来的小树，把他稳在半空处。于是乎上有饿狼，下有毒蛇，不过那人虽陷身在进退两难的绝境，但暂时总仍是安全的。就在他松了一口气的时刻，奇怪的异响传入他的耳内。他骇然循声望去，魂飞魄散地发觉有一群大老鼠正以尖利的牙齿咬着树根，这救命的树已是时日无多了。就在这生死一瞬的时刻，他看到了眼前树叶上有一滴蜜糖，于是他忘记了上面的饿狼、下面的毒蛇，也忘掉了快要给老鼠咬断的小树，闭上眼睛，伸出舌头，全心全意去舔尝那滴蜜糖。那滴蜜糖就是生命的意义。管理自己就是在恶劣的环境中也能享受幸福，在生命的短暂中也能洞彻生命的意义。

老子哲学有深刻的女性崇拜，重阴、尚柔、守雌、谦下等都是对女性道德品格的哲学抽象，是对女性处世态度和经验的概括和提升。儒家思想和道家思想的对立恰是男性中心文化与女性中心文化的对立。老子讲："我有三宝，持而保之：一曰慈，二曰俭，三曰不敢为天下先。慈，故能勇，俭，故能广，不敢为天下先，故能成器长。"这里慈就是爱心与同情感，是氏族女首领赢得爱戴的基本德行；这里的俭就是节俭不奢侈，含蓄不肆意妄为，指女首领善于持家管理经济生活；这里的不敢为天下先是指宽容谦和，温良忍让，是对氏族女首领的道德品质的概括。女性情感细腻，善解人意，平易近人，具有水的性质，具有做领导的潜质。搁现在的话说，老子有点女权主义的味道。正因为如此，有些学者将老子管理思想的本质定为"母亲管理"。①

老子所说的"我有三宝"在现代管理学中被高度重视。美国人劳伦斯·米勒著的《美国精神》中讲了好多管理原则，其中一条叫"亲近原

---

① 卢志民、黎永泰：《母亲管理：老子管理思想本质的新诠释》，载《四川大学学报》（哲学社会科学版），2008（5）。

则",在说到领导问题时,不是讲领导如何强化管理权力,却提出"亲近是一条无形的纽带,它将个人的内心世界与其上司和所在单位联系起来,只有建立了亲近,才可能产生信任、忠诚和自我牺牲"。

以"慈"而论,企业管理者应当以宽广、豁达的胸怀对待自然、人与社会。对企业内部,应改变"胡萝卜加大棒"的政策,树立"家"的观念。应该把自己融入企业和职工之中,做到始终保持谦虚谨慎、不骄不躁的作风,保持密切联系职工群众、为职工办实事的作风,保持发扬民主、自觉倾听职工呼声的作风。对企业外部,应克服单纯追求经济效益或追求政绩的"乌纱帽"函数,综合考察经济效益和社会效益。从更广大的自然—社会系统来看,应当遵循可持续发展原则,贯彻"天人合一"的和谐理论,使企业从趋利性经营管理转向"绿色"经营管理。

就"俭"而言,企业管理者应当节俭,因为"俭,故能广"(第六十七章)。要杜绝浪费,节约资源,力求保障代内公平和代际公平,并用最少的成本获得最大的收益。

以"不敢为天下先"来说,这是一种"进道若退"的策略思想。在强手如林的现代企业竞争中,企业管理者应当运用"后其身而身先,外其身而身存"(第七章)的思想,采取以退为进的策略,保全自己,以求发展。青岛双星集团总裁汪海认为,企业管理者应具备八项品格:政治家的头脑、哲学家的思想、军事家的谋略、诗人的浪漫、实干家的苦劳、外交家的风度、鼓动家的激情、冒险家的胆识与创新勇气。① 我们明显可以看到先哲的智慧孕育其中。

---

① 丁亚非:《略论<老子>在现代企业管理中的运用》,载《阜阳师范学院学报》(社会科学版),2000(4)。

三 "敦兮其若朴"与领导诚信

赵孟頫手书《道德经》片段

　　老子曾这样形容有道之人：小心谨慎呵，像冬天踏冰过河；警惕疑惧呵，像提防着周围的攻击；庄重严肃呵，像在作客；融和疏脱呵，像冰柱消融；敦厚质朴呵，像未经雕琢的素材；空豁旷达呵，像深山幽谷；浑朴厚道呵，像江河的混浊。"敦兮其若朴"中的"朴"在他的文中多次出现，譬如见素抱朴（第十九章），指外表单纯，内心质朴。素是没有杂色的丝，白色，引申为单纯；朴是未经雕刻的木材，引申为质朴。"朴散则为器，圣人用之，则为官长，故大制不割"（第二十八章），意思是，真朴的"道"分散形成万物，有"道"的"圣人"沿用真朴，则成为百官的首长。所以，完善的政治制度是浑然天成、不能割裂的。"道常无名、朴"，质朴本身就是"道"。

在第二十章，老子指出了自己的与众不同：应诺与呵声，相差多少？美好与丑恶，又相差多少？人们所普遍害怕的，就不能不怕。自古以来就是如此呵，这种风气不知何时停止！众人都无忧无虑，兴高采烈，好像参加盛大的筵席，又好像春天登高远望（那样心旷神怡）。我独自恬然淡泊而无动于衷；浑浑沌沌的样子呵，好像一个还不会笑的婴儿；疲乏慵散得好像无家可归。众人都有多余的东西，唯独我却好像什么都不够。我真是有愚人的心肠呵！一般人是那么清醒精明，唯有我如此糊里糊涂。一般人是那么严格苛刻，唯有我如此淳厚质朴。辽阔深广呵，（我的心胸）像无边无际的大海一样；自由奔放呵，（我的心灵）像无止境随意吹荡的疾风。众人都有一套本领、有所作为，唯独我却愚笨鄙陋。我偏偏与众人不同，而重视用"道"来滋养自己。

从管理学角度讲，鄙薄名利，老子认为也是很重要的。在他看来，不能希罕难得的财富，不然老百姓会成为盗贼；不要正视那些足以引起私欲的东西，不然人们的心思就会骚乱。

老子的观点是有道理的，要少私寡欲。固然，人生为了生存不能没有物欲，但是过分迷恋了，超出人的生存负荷、道德负荷，必然导致"甚爱必大费，多藏必厚亡"。

老子的"重身轻名"、"重身轻货"的观点，细究之，其意义不仅仅停留在身躯与名货比较价值上，还有更深一层的意义，就是为身躯活着，还是为灵魂活着的问题。老子主张人要为"利万物"活着，而不是为铜臭名利活着。

作为企业的领导人，经管整个企业之大事，责任重大，其身正不令而行，要有无私无欲、少私寡欲的道德修养，《老子》第十二章告诫说，圣人不要沉湎于五色、五音、五味中，稀罕货物是会诱使你行为不轨的，在第七十五章，从治理政事角度又告诫统治者说："民之轻死，以其上求生之厚。"这句话直率地指出，人民之所以轻死，就是因为统治者奢厚贪求的缘故。老子这些话虽是从政治角度说的，但对企业管理领导人仍有当头棒喝的意义。

敦兮其若朴，企业领导人必须进行有关无私无欲、少私寡欲的修养。如何修养？（1）提高对"无私无欲"、"少私寡欲"重要性的认识。"无私无欲"地对待事业与下属；"少私寡欲"地对待自己的生活。"去甚、去奢、去泰"（过分、奢侈、极端），把"私"与"欲"限定在适量的范围内，即"少"与"寡"的范围，不特殊，不奢求。（2）讲求"无为"，为其该为之事，不为其不该为的举动。信奉职工，让"民自化"，让民"取天下"。纵然取得了成绩也"不自是"，自觉地"功遂身退"，"功成而不有"（第三十四章）。（3）"以百姓心为心"（第四十九章），处处事事为职工着想。"善者，吾善之；不善者，吾亦善之。""信者，吾信之；不信者，吾亦信之。"（均见第四十九章）善良人我善待他，不善良的我也善待他。有信守的人我信任他，无信守的人我也信任他。以此做到心地质朴。（4）"治人事天，莫若啬。"（第五十九章）啬与俭通义，在第六十七章中，老子在讲"我有三宝"时，第二宝就是"俭"。啬，俭，俭朴，节约爱惜财物。静以养身，俭以养德，宁静致远，淡泊明志。就是要用俭朴节约的良好美德待人事奉国家。（5）"知足不辱"。领导者为了生存，必要的欲求还是要的，但必须知足，"知足才能不辱；知足才能不殆"（第四十四章），老子告诫世人，"祸莫大于不知足，咎莫大于欲得。故知足之足，常足矣"（第四十六章）。老子反对贪得无厌，要人们学会知足，只有知足之人，才会永远感到满足。

战略、战术既定以后，接下来就是做生意的态度问题了。老子主张"信者，吾信之；不信者，吾亦信之；德信"。诚实的人，我以诚实对待他；不诚实的人，我也以诚实对待他，于是整个时代的品德就归于诚实了。老子的这句话点出了诚信的重要性。明清500年间晋商之所以能够富甲一方，成为清廷的"财政部"，除了顶身股（职业经理人）制度以外，也就是一个"诚"字。晋商可以对任何一个和他做生意的人说，我是关公的后代，天地良心，绝不蒙人。良好的企业形象也可无声地告诉人们：企业是负责任的、信得过的。有了诚信，员工就会为企业奉献聪明才智，与企业同呼吸、共命运；有了诚信，顾客就愿意购买企业的产品，与企业结成利益共同体，甚至在企业出现危机时帮企业渡过难关；有了诚信，就会提高企业在公众中的知名度，增加企业的无形资产，赢得员工、顾客和公众的有效支持，企业就会远离各种危机，不断地健康发展。

四 "上德若谷" 与宽容美德

企业领导人修身，除"敦兮其若朴"，少私寡欲要严己，"犹川谷之于江海"外，还要宽人。

老子颂扬水，也颂扬谷，讲了很多关于颂谷的话，如"上德若谷"（第四十一章）。下面再列数三句："譬通道之在天下，犹川谷之于江海"（第三十二章）；"谷得一以盈"（第三十九章）；"江海之所以能为百谷王者，以其善下之"（第六十六章）。谷，川谷，容水之谷。老子这三句话都是把"道"与"谷"联着用的。借谷喻道，议道及谷，总的还是讲他的《道德经》。上述第一句的意思是："道"莅天下，一切小河细流归之于大海。第二句的意思是：由于谷得到了道，因而充盈。第三句意思是：江海所以能成为众多河流之王，因为它处于下游的位置，能宽容河川细流。

老子借谷喻"道"的宽容，还直接论述"道"的致虚精神，如"'道'冲，而用之或不盈"（四章），又如"大盈若冲，其用不穷"（第四十五章）。这两句话中的"冲"就作空虚讲。两句话的意思分别是："道"虽然是虚空的，但使用它却是充实的。"道"充实得很，充实得如同虚空一般，永远使用不竭。

谷喻"道"，也喻人。老子要求"圣人"致虚极，守静笃，也就是尽量使心灵达到虚寂状态，牢牢地保持这种宁静。虚寂是自成一体的圆融状态，而不是百无聊赖又无可奈何的空虚寂寞。"虚"、"静"都是老子认为的心灵应该保持的状态，即一种没有心机、没有成见的状态，这种状态是消除了利欲的引诱和外界的纷扰而得到的空明宁静。企业领导人也应该具备这种豁达大度的修养、宽广胸怀的修养。天大，能容天下万象，所以成为大；地广，能容遍地万物，所以能为广。河南洛阳白马寺中有一副对联，写在佛像弥勒的两侧：大肚能容容天下难容之事；慈颜常笑笑世间可笑之人。这是佛门释语，其首句却颇含道家思想。原来，道释二家有些观点是相通的，如释的禅功，道的顿悟，就有姻缘关系。这里不细究，而要说的是，宽容是领导人应该学会的一种修养。当然，宽容也不是绝对的、无限的，也有一个度的问题。"天网恢恢"（自然法则之网，广大宽松），就是一种度。

容一般人不易相处之人难，容与自己闹过对立的或伤害过自己的人更难，这是更高层次的宽容。宽容是一种自由状态，因为对抗意味着你的力量指向总是受到他人的牵绊，不是出自自己的目的，因此，这种宽容意义更大。曹操进攻宛城，张绣投降，但突然又反击曹军，曹操手下都尉典韦战死，长子曹昂、侄子曹安也死于乱战中，曹操本人也中箭致伤，按常理说，两者结下了不共戴天之仇，可是在曹操与袁绍间的官渡之战时，曹派人招纳张绣，并将他封为扬武将军，还让儿子娶了张绣的女儿为妻，结成儿女亲家，曹操之所以成为三国一鼎，恐与曹操善于宽容有关。

上德若谷，容人以短，还要容人以长。容人以长，就是要宽容下属、同事超过你的水平，不要产生嫉妒之心，更不要打击他人，而且还要继续引荐提携他。这是一种更为难得、更不容易做到的宽容精神。因为他人的超越意味着可能是对你原有的尊严、名誉、地位的一种挑战，但你却宽容了。这对领导人来说，是宽容精神的一种升华与腾越，如老子所说那样我"无欲"了。

上述种种宽容对象是人，同时还要宽容某些事。比如一些新生事物，因为它是刚顶土而出的，不免稚嫩，有缺点和弱处，此刻，风雨会摧折它，旧世俗会非难它，好心人也会因为不理解而非议它。这时亟须领导人宽容它，为它创造宽松的环境，以保护它、扶持它、发展它，纵然这新出现的事物是错误的，也应该采取宽容精神逐渐作淡化处理。

"上德若谷"，企业领导人要善于容人、容事，有两个根本问题：（1）领导人的素质。为此领导人要努力提高自己的智能水平、修养水平，提高"上德若谷"的品德。（2）环境的素质。提高员工的政治、文化水平，造就一个宽松的氛围。

企业领导人要有宽松的气度修养，企业环境才能有宽松的氛围。美国管理学家乔治·奥迪奥恩议论过这方面的问题，他在一篇名叫《豁达开明》的文章篇首语中说："有些企业是否会由于经理管理得过多而带来麻烦？大量迹象证明这一观点也许是有根据的。"文章还列举出了实现豁达、开明的十三个招法，总的精神是领导要豁达开明地让下属放手去干，不要管细枝末节的事，不要总让别人来问你这事该怎么办，不要对不懂的事轻易作判断，不要任意地制定规则，不要用敌视情绪对待下属等等。

五 以静制动

《老子》第十二章中说："五色令人目盲；五音令人耳聋；五味令人口爽；驰骋畋猎，令人心发狂；难得之货，令人行妨。是以圣人为腹不为目，故去彼取此。"总的意思就是人应当克制自己的欲望。这是统摄心灵学说的共通之处。如佛家认为人的痛苦来源于欲望，而基督教也有七宗罪之说。1589 年，恶魔学学者彼得·宾斯菲尔德（Peter Binsfeld）把每种罪行和恶魔联系在一起，代表各种罪行的恶魔会引诱拥有相同罪行的人。七宗罪就是：骄傲、贪婪、好色、愤怒、贪食、妒忌、懒惰。这与老子的五色、五音、五味，驰骋畋猎，难得之货虽在细节上有所不同，但是其主旨是一样的。人要克制自己肉体的欲望，就是再好的东西，对它的爱也不能过度。对肉体欲望的克制相信大家都能理解，人毕竟是更高等的动物，不能为肉体的诱惑所俘虏。只要有能使肉体延续的物质（最多就是舒服的延续）就可以了，之后就要追求精神的愉悦。无限制的物欲，无止境的追求，人鱼虫豸何异。人之所以为人，就是因为人与别的东西不同，人的修养不就是要发展自己与动物的不同吗？

在人生旅途中，会遇到种种陷阱。不管是领导人还是一般群众，陷阱主要有两种："欲"的陷阱；"气"的陷阱。"欲"，私欲；"气"，主要是

"骄"、"怒"之气。"骄"，骄情；"怒"，泄忿。凡夫俗子要防止这些陷阱。领导人因为他们所处地位的特殊性，碰到这些陷阱的机会更多，假如陷进去了危害也更大，因而领导人防止这些陷阱坑人更显重要。

关于"欲"的陷阱问题，我们在本篇第三节"敦兮其若朴"中已作了讨论，提出要"见素抱朴"，要"少私寡欲"。本节主要就企业领导人就克服"气"的陷阱作如下讨论。

"静"在《老子》中是一个很重要的概念，在《老子》一书中出现"静"字的不下十处。"静"属软性字，与"动"相对立，常与"虚"、"柔"、"阴"、"牝"、"下"、"无"那些字联着说，如十六章中说："致虚极，守静笃。"

"静"有很多功能，具有克服"欲"、"骄"、"怒"等情绪的作用。老子说"不欲以静"（第三十七章），是说静能制欲。"归根曰静"（第十六章），是说静能返朴。"静为躁君"（第二十六章），是说静是克服烦躁妄动的主宰。"牝常以静胜牡"（第六十一章），牝，雌性，牡，雄性，是说雌柔常以清静而胜过雄强。"静胜躁，寒胜热，清静为天下正"（第四十五章），语意是清静能制服躁动，寒冷可以克服暑热，清静可以成为天下榜样。"我好静，而民自正"（第五十七章），这句话与上述"清静为天下正"基本同义，是说我好静了，天下就会安定。这句话是老子以"故圣人云"的口吻说的，说明老子重视"静"，重视清静在修身、正天下中的作用。

我们还可从老子后学庄子的话中得以说明。在《庄子·内篇·德充符》中，庄周借用孔子的口说：人是不能在流动的水面上照出自己的影子来的，唯有静止的事物才能使他事物静止（"人莫鉴于流水，而鉴于止水，唯止能止众止"）。在《庄子·外篇·天道》中又说，圣人好宁静，并不是因为他认为宁静是好的，才去宁静，实在是因为世界上没有一件东西能影响他的宁静，所以他乐于宁静……圣人的心若是宁静了，他就能明鉴天地，细察万物。接下来他用总结的口吻说："夫虚静恬淡寂寞无为者，天地之本，而道德之至。"

老庄关于清静的议论是有道理的，企业领导人应该具备"守静笃"的素质。这是因为：静中有哲学。"静"，本来就是老子从哲学意义上提出的。静是事物运动的一种力量，是事物运动中动静矛盾的一个方面。没有静，就没有动，就没有事物的生生灭灭。经过静，事物的动才能动得有力量。如跳高，那助跑、蹬腿、起跳、越杆、落地动作，其中蹬腿就起着以静制动的作用。如音乐，奏出一首动听的曲子，无论如何是不能抹杀抑扬顿挫中抑止、停顿在乐曲中的作用的。

静中有智慧。人们常有这样的感受，被某事困扰了，此刻若能"入静"、"致静"，智慧的灵光就会闪现出来，会使你想出克服困难的若干办法来。那位颇具道家思想风韵的晋人陶渊明就写有这样的诗："结庐在人境，而无车马喧。问君何能尔？心远地自偏。"他的很多名诗就是在这静谧氛围中写出来的。

静中有功力。静是一种境界，入静就会产生功与力，宁静可以致远，宁静可以制欲。静以待人可以平静观察对方的优缺点；静以待物可以防止烦躁妄动与消极情绪的发生；宁静可以抵御烦恼；宁静可以乐观身心。"静为躁君"，"静胜躁，寒胜热"，老子的话讲得好。

静是一种信心的集结。运动中静寂下来，积聚力量，以求一逞。用静自勉自律，自尊自强，藐视困难，制服困难。

现在我们回头讨论本节开头提出的有关用"静"去制服骄、怒二气的陷阱问题。

骄，是一种束缚人们前进的绳索，事业取得成功了，人们感到高兴，这是人之常情，没有错。但骄是喜的一种盲目、一种放纵。人不能无喜，但人却不能有骄。纵然作为人的七情六欲之一，纯粹的"喜"（不表现为骄）来说，也不能过喜，过喜就会犯病，《说岳全传》中牛皋就是乐死的。现实生活中因过喜导致心脏病发作的事例也多得是。"喜伤心"，"暴笑伤阳"，值得警惕。骄更是有百害而无一利。骄，轻则阻碍自己进步，坐井观天，夜郎自大，故步自封；重则飞扬跋扈，骄横专注，老虎屁股摸不得，导致事业损失及其他恶果。

在《老子》中，老子反反复复地讲了不少关于反骄的话。如第二十二章说："不自见，故明；不自是，故彰；不自伐，故有功；不自矜，故长。"这里，老子接连用了四个叠句，强调统治者不能仅凭自己的所见行事，不能自以为是，不能自矜有功，不能自高自大，认为唯有这样才能视力分明，是非分明，才能当好领导。这样的思想，老子在他的书中第二十四章上几乎一字不改地又重复了一遍，说："自见者不明，自是者不彰，自伐者无功，自矜者不长。"三十章中也有类似的话："果而勿矜，果而勿伐，果而勿骄，果而不得已，果而勿强。"老子在这里又用了五个叠句，强调"果而勿……"，且五个叠句含义基本是一样的，反对骄。他还用告诫的语言说："善有果而已，不敢以取强。"这是说，办事只求获取成功而已，不应该以此逞能自己。如此的话在《老子》中还有很多。

人类历史上因自见、自是、自伐、自矜导致挫折和失败的例证不胜枚举。如三国蜀将关羽兵败麦城，身亡东吴就是典型一例。从现代企业管理的角度讲，企业管理者也应当不以管理者高位自居，不张扬自己的能力，不"以人代法"、"以言代法"、"以教代法"，而要做到知与行的统一、外化与内化的统一。企业管理者不仅应具有强烈的事业心、责任感和开拓创新精神，具备经营、法律、金融、管理等各方面的知识和丰富的实践经验，而且要做到吾日三省吾身，不断寻找自己的薄弱点加以整改，并自觉接受监督，认真听取各方面意见和建议，不断地完善自我。自是者必败，自矜者必亡，在海内外企业发展中几乎成一定则。

再说"怒"的陷阱。这里所说的"怒"，指暴怒，不理智的怒，还包括与怒相关的一些失去节制的生理情绪，如过度的悲哀、过度的忧愁、过度的抑郁等。暴怒，就生理损害而言，能伤肝、伤脾，能使人血压升高心发颤，甚至致人死命，这样事例是很多的。就事业损害而言，因怒，感情冲动，理智失控，导致做出错误的决策，而使事业受挫，甚至伤国破国，这样的事例也多得是。比如三国时蜀国张飞为报义兄关羽之仇要部下限期制造孝服，终被他人所杀；而刘备之死也是因盛怒失控而致演出白帝城托孤的悲剧。这种教训在商战中也是常有的。兵学圣人孙武就这样告诫后人："主不可以怒而兴师，将不可以愠而致战。"一些政治家如林则徐则提倡"制怒"。

不过，作如是说，也不是说对"怒"可以不讲辩证法。"怒"也不是一无是处。喜怒哀乐乃人之常情，制怒不是制正常之怒。有人欺侮你了，你却当阿 Q，这绝不是正常心态。制怒是用适当的方式制异常之怒、丧失理智之怒。相反，有怒闷在心里，也会闷出病来的。有这样一则故事：某郡守患重病，请华佗诊治，华佗索高价后却不给其看病，滞留几日留下一字条后潜逃。字条上写的尽是骂那郡守的话，郡守大怒遣人追捕又不得，致使郡守气得连吐几口污血后病却好了。原来这正是华佗的治病方案起了作用，让病人抑郁盛怒得以宣泄出来。

还须指出，这"骄"、"怒"的陷阱，常常是关联地存在的。"骄"导致败，败导致"怒"，或导致"悲"，或自暴自弃。当从"忿"中醒悟过来取得一定进步后，又可能产生"骄"。因此，在人生旅程中，人们必须牢牢把握住"致虚极"、"静守笃"两个秘方，不得懈怠片刻。

六 健康管理

企业领导不仅有修身问题，还有养生问题。修身，修一个道德高尚之心以完成事业；养生，养一个体魄健全之躯以做好工作。

健康对于管理者十分重要，有健康的体魄，才能做好繁重的工作，开展健康管理很有必要，接下来我们要研究《老子》的养生之道。

《老子》第五十章专门批评了错误的养生方法，介绍了正确的养生方法。他说，人出现于世上就是生，入于坟墓就是死。属于长寿这一类的人，占十分之三；属于短命这一类的人，占十分之三；人本来可以活得长久，却自己走向了死路，也占了十分之三。在列举了几种短命的人的情况后，他自问自答说："夫何故？以其生生之厚。"为什么他们走向死地呢？因为他们追求延长生命的做法太过分了。老子接着介绍了自己的养生观："盖闻善摄生者，陆行不遇兕虎，入军不被甲兵；兕无所投其角，虎无所措其爪，兵无所容其刃。夫何故也？以其无死地。"说的是善于养生的人，不会到危险的地方去，所以就不会遇到危险，靠柔弱和退避得以生存。

《老子》中的养生之道至少可以提供四个方面的借鉴：

其一，少私寡欲。"见素抱朴，少私寡欲"，意思是要外表单纯，内心淳朴，减少私心和欲望；"多言数穷，不如守中"，意思是说的话多了也是不行的，不如保持适当的尺度；"强梁者不得其死，吾将以为教父"，是说强暴的人不得好死，将成为反面教材。

老子也解释了原因：名誉与生命，那一个更亲切？生命与财产，哪一个更贵重？获得名利与失去生命，哪一个更有害？因此，过分吝惜必定招致更多的破费，丰厚的贮藏就会招致惨重的损失。所以，知道满足就不会遭受屈辱；知道适可而止，就不会遇到险情，这样才可以保长久。

一则报导说，延安有一位124岁的老人，如此高寿，仍然担得起80斤重的柴火走路。他的长寿秘诀是："酒色财气四道墙，人人都在里面藏，只要你能跳过去，不是神仙也寿长。"这位老人还颇有见地地说，酒色财气是长寿的大敌，但却不能据此把它们拒之门外，关键是要得体、要适度、要得道义，他说："无酒不成礼仪，无色路静人稀，无财不成世界，无气反被人欺。"

少私寡欲，按《太上老君养生诀》的解释，就是要"除六害"。这六害是："薄名利，禁声色，廉货财，损滋味，除佞妄，去妒意。"认为这六害除掉了，便"可以保性命延驻百年"。当然，为延驻百年，不仅要除六害，有损于身体健康的其他的害，如狂妄骄横等，也应在横扫之列。

少私寡欲，把由此节省下来的时间、精力、资金用于搞好事业及事业成功的乐趣上去，用于修身养性上去，用于陶冶高尚的情趣上去。比如参加一些琴棋书画活动、文化娱乐活动。借看花以解闷，借听曲以消愁，借练字以舒筋，借作画以怡心，从而达到养性强身的目的。有材料证明，适度的劳动与运动，适度从事智力活动，比疏于活动筋骨的人健康，善怡心者长寿，比如画家多长寿，齐白石就活到93岁，黄宾虹也活了93岁。

少私寡欲，笑口常开也是养生一诀。人的情绪对人的健康关系密切。现代医学已经证明，人在平静时，会分泌出增强体质的激素，脉搏、呼吸、血压、消化系统的分泌及新陈代谢等，都处于平稳的、互相协调的状态。而人在躁时，分泌的激素会使人发生一时的脉搏、呼吸增快，血压升高，判断力下降，损害健康。比如血压，与人的情绪密切相关，不论是愤怒、焦虑、恐惧，还是大喜大悲，在大脑皮质的影响下，可兴奋延髓的心血管调节中枢，使交感、肾上腺系统的活动明显增强，去甲肾上腺素增多，由肾上腺髓质分泌进入血液的肾上腺素量也大大增加。一方面心脏收缩加强、加快；另一方面身体大部分区域的小血管收缩，外周阻力增大。由于心输出量增多和外周阻力加大，于是血压升高。情绪稳定下来后，来自大脑皮质的神经冲动减少，交感、肾上腺系统的活动减弱，使血压有所下降。这正符合老子的清心寡欲的观点。

其二，适量运动。老子说：狂风刮不了一早晨，暴雨下不了一整天。是谁使它这样的？是天地。天地的（狂暴）都不能持久，何况人呢？如果从养生的角度看，这里说的道理是剧烈的运动不能持久。

"天地之间，其犹橐籥乎？虚而不屈，动而愈出。"（五章）说的是人就像一个大风箱，精气在大风箱中运行。精气的运行是看不见的，不受人的主观意识的控制，但通过运动可以调动精气运行。

养生必须顺其自然，与自然保持一致，比如天气冷热，衣服要加减，饿了要进食，累了要休息，这是养生的最基本也是最浅显的道理。但是这种机理，调节也绝非易事，如饮食，饿要进食，但食什么，何时食，食多少，怎么食，要食得合理、食得卫生、食得有营养都是很有学问的。食疗还是一种治病的手段。名医扁鹊就说过："君子有疾，期先命食以疗之。"再如起居，起居也要顺其自然，讲规律，起居有节，如古人所说的那样，莫久行、久坐、久卧、久视、久听，莫强食饮，莫大沉醉，莫大愁忧，莫大哀思，古人说这叫能中和，能中和者，必大寿。现代有人总结长寿之道写成"不老歌"说："起得早，睡得好，七分饱，常跑跑，多笑笑，莫烦恼，天天忙，永不老。"

老子认为不能持久地剧烈运动，而提倡长期坚持有氧的、动作缓和的运动，可以调节呼吸，让精气运行起来，调和阴阳，有益健康。现代医学认为，人若长期缺乏有氧运动，会使心血管、消化、免疫、运动等功能降低30%，最终引起脏器功能衰退与损害，众多疾病将纷至沓来。有氧运动带来增强肺活量、控制高血压、调整脂肪代谢、防止动脉硬化、增强免疫力、促进体液循环等好处，而剧烈运动可能导致器官的损伤，甚至招来"运动病"。

其三，适当放松。懂运动，也要懂放松。"专气致柔，能如婴儿乎？"（第十章）说修炼者要专心调整自己的呼吸，心息相依，像婴儿那样柔和，肢体像婴儿那样柔软。运动之余，要放松身体，放松精神，才不会阻碍精气的运行。

气功实际也是一种适当放松。生理学研究证明，人在入静后，生命活动的中枢器官——大脑将回归到儿童时代的电波状态上去，使生理活动指标逆转，从而达到养生、长生。这里所说的气功是内气功，指通过人体调身、调心、调气三结合进行练功达到强身目的的一种养生术，而不是指所谓外气派的那种带功讲课、遥控发功的气功，对前者，世人一般是肯定的，而对后者相当多的人是存疑的。

近几年，国外出现一种独特的开发人体体能、智能的方法，称为"超觉静坐技术"。其方法的基本点就是处静，具体地说是通过闭目凝神、静坐、入定、忘我，使人从兴奋态转入到平静态，再进入超觉态。

其实，这种"超觉静坐技术"也具有气功的神韵，其机理基本上是这样的：练功者进入超觉状态，大脑皮层的有序性处于最佳状态，这对养生、增智都是有好处的。

这里要强调的是，行使气功强身的人在做功时，调身、调心、调气都应该在松弛思想的条件下进行。《老子》第二十一章那段"道之为物，惟恍惟惚"的话，常被一些气功师用作气功理论作解释，其实，对"恍惚"要掌握其精义，要作正确的理解。应理解为是一种思想的松弛，就是说，做气功的人在做气功的时候，要思想净化，摒除杂念，忘却烦恼，让身心清静下来，调身、调心、调气，从而达到养生健身的效果。"恍惚"，绝不能把它理解为神经质的、疯疯癫癫的、走火入魔式的变态行为。

老子也阐述了道家坐禅时的体会和感受。虚心到极致，坚持清静的意境，观察万物生长的循环。万物变化纷杂，但又都回到起点，就叫做"静"。如果能领悟到万物都是过眼云烟，自己已经超脱喜怒哀乐，返璞归真，了无牵挂，心空意静，才会体会到静功的美妙感觉，感受到人体的经脉穴位周天运行。

其四，处静。我国医书《黄帝内经》说"静则神藏，躁则消亡"，认为养生在于处静。此话与《老子》思想相通。

"静则神藏"的"神"是所谓人有三宝（神、精、气）中之一。"神"对养生最为重要，"神"属于心灵类的东西，指人的精神、意识、心理等；"精"、"气"属于形体类的东西，指人的眼、耳、鼻、舌、身等。"神"主"精"、主"气"，养生就是养神。

如何养神，少私寡欲可以养神，调节情趣可以养神，而最为重要的就是处静，"静则神藏"。静，修命；静，养性，进而达到"神藏"。静修命是说，从形体上入静，让自己的躯体、眼、耳、鼻、舌等从躁中清静下来，进入"神藏"境界；静养性是说，让自己的营魄（灵魂）从心猿意马状、六神不安状淡漠下来，清静下来，进入"神藏"境界。以上是说，"静则神藏"要从两方面入手，既要修命，从人的形体上入静，也要养性，从人的营魄上入静。如此养性带修命，修命促养性，性命双修，最终达到修身养性的目的。

处静是生命的一种休息。累了处静之调节精力，饿了处静之淡化食欲，冷了处静之减少热量消耗，热了处静之免得燥热再袭身，从而达到保生、养生的效果。

有所谓"生命在于静止"一说。"生命在于运动"这种认识人们一般都认同，人不活动，一切停滞，生命岂不完了。但是"生命在于静止"这一说对吗？假如把静止理解为处静，此说也是成立的。本来，运动与处静是对立统一地存在的。没有处静何来运动。起是动，居是静，有起必有居。白天是运动态，黑夜是处静态，天地总不能只有白天没有黑夜。生命运动是一种新陈代谢，生命处静也是一种新陈代谢，两者只是新陈代谢功能深浅程度不同而已。

"生命在于静止（处静）"是有例可证的，乌龟极少运动却是长生者。广东梅县就发现过被压在千斤基石下的一只乌龟，其寿命已有200多年。辽宁省曾发现一些寿命为835～1095年的古莲子，其发芽率达90%以上。

处静还是调节人体新陈代谢的一种手段。临床上，有些病，如高血压、冠心病、神经官能症等，就须借助处静来平衡阴阳，以达到治病的效果。医学上还有所谓"冬眠疗法"呢。

如果我们将中医理解为"使之中"（达到阴阳平衡）的诊疗思想，它其中所包含的"万物并育而不相害"、"天地之大德曰生"的思想是和中国传统哲学一脉相承的，对人体自身免疫力通过中医的食疗和预防大力发掘，加以提高，何尝不是有效遏制不断增长的医疗费用、有效解决民生问题的一个手段呢？

后　记

　　南怀瑾先生曾经这样概括中国文化思想："中国文化历史，在秦汉以前，由儒、墨、道三家，笼罩了全部的文化思想。到唐、宋以后，换了一家，成为儒、释、道三家，这三家又笼罩着中国文化思想，一直到中华民国初期……对于这三家，我经常比喻：儒家像粮食店，绝不能打。否则，打倒了儒家，我们就没有饭吃——没有精神食粮。佛家是百货店，像大都市的百货公司，各式各样的日用品俱备，随时可以去逛逛，有钱就选购一些回来，没有钱则可以观光一番，无人阻拦，但里面所有，都是人生必需的东西，也是不可缺少的。道家则是药店，如果不生病，一生也可以不必去理会它，要是一生病，就非自动找上门去不可。"[1]如果说先秦思想确实有思考从根本和源头上解决现实问题的学术流派，那么非道家莫属。

　　道家思想留给我们的，不仅仅是深刻的人生哲理和政治哲学，还有它藐视权贵、率性而为的真性情，尤其是它管理自我的人生态度。从我在学校开《中国政治思想史》课程以来，我对道家思想愈加痴迷，原本要在道家政治哲学方面加以开拓，无奈学力不达，一直引以为憾。

　　本书是在杨先举教授《老子与企业管理》和《老子管理学》两本书的基础上完成的，我与杨先生在2004年相识，结为忘年之交，他一直希望我能和他合作写书。正逢东北财

---

[1] 南怀瑾：《老子他说》，3页，上海，复旦大学出版社，1996。

经大学出版社要出一套丛书，先生嘱我将他的《老子管理学》一书加以改编，并吸纳一些学术界的新观点。我诚惶诚恐，唯恐有负重托，书的章节安排大致没有变化，正是在改编的过程中，我体味到先生的严谨和博大。初稿出来后，先生执意让我署第一作者，无功受禄，着实惭愧。同时声明，书中若有可取之处，应归功于先生原著的精华；若有糟粕，责任全在我一人。

首先要感谢东北财经大学出版社的孙平先生，是他策划并牵头组织了这套丛书，本书才得以忝列其中。其次要感谢我的工作单位——中国青年政治学院宽松的学术环境，使我得以顺利完成本书稿。当然还要感谢我的家人，爱人刘黎承担了大部分家务劳动和抚养孩子的工作，尤致谢意。

魏万磊于中国青年政治学院

2010 年 8 月